Mille et une bouches

Série Mutations/Mangeurs

Tél. : 01.40.26.06.06. Fax : 01.40.26.00.26. E-mail : autrement@filnet.fr
ISBN : 2-86260-528-X. ISSN : 0751-0144.
Précédent dépôt : mars 1995. Dépôt légal : mars 2001. Imprimé en France.

Mille et une bouches

Cuisines et identités culturelles

Dirigé par Sophie Bessis

Éditions Autrement - Série Mutations/Mangeurs n° 154

Sommaire

Avant-propos

Sophie Bessis

Sur d'immenses affiches recouvrant il y a quelques années les murs de Paris, s'exhibait un appétissant tournedos surmonté d'une noix de beurre persillé, entouré de pommes allumettes dorées à point. On y lisait en lettres énormes : « Le dernier bon repas avant la frontière. » Et, au-dessous du plat, l'identité des commanditaires de la publicité : restaurants des Aéroports de Paris. La cause était entendue : quelle que soit leur destination, ceux qui prenaient l'avion d'Orly ou de Roissy n'avaient aucune chance de bien manger une fois sortis du territoire français. Ils s'envolaient vers un au-delà culinaire indifférencié mais unifié, tous pays confondus, par une tragique absence de gastronomie.

Ce tournedos bien français aurait pu être taillé pourtant dans une bête venue du Botswana, exportateur de viande vers la Communauté européenne. Le beurre pouvait être aussi bien danois que charentais. Quant à la pomme de terre, ce tubercule sans lequel il n'existerait guère de cuisine européenne, elle ne figure que depuis trois siècles à peine - depuis hier seulement, à l'échelle de l'histoire - dans les assiettes du vieux continent.

Nous aurions en fait beaucoup de mal à nous nourrir comme nos ancêtres qui connaissaient peu de choses de ce qui fait aujourd'hui notre ordinaire. Imagine-t-on la cuisine méditerranéenne sans poivrons ni tomates, qui n'arrivèrent pourtant des Amériques qu'à une époque relativement récente ? Ou un breakfast anglais sans thé, cette boisson qui fait l'âme des tables britanniques ? Ou une pâtisserie viennoise sans chocolat ? Les échanges alimentaires sont aussi vieux que le commerce, aussi anciens que l'activité humaine. De nos jours encore, le commerce des produits agricoles ne cesse de croître en volume. Il représente 12 % de la valeur totale des échanges mondiaux. Les boissons tropicales comme le thé ou le café, les fruits comme la banane et les céréales figurent parmi les productions le plus échangées dans le monde. Depuis que les moyens de locomotion existent, il n'est pas une recette qui n'incorpore quelque produit venu d'un ailleurs plus ou moins lointain. Tel plat qui semble sortir du fond des âges et a acquis un statut totémique peut être le fruit d'assemblages tardifs. Mais la mémoire des peuples est sélective et a tôt fait de « nationaliser », parfois jusqu'à ses origines, un ingrédient qu'elle a fait sien.

Tel est le paradoxe. Aucun brassage n'a jamais empêché la cuisine de « faire frontière ». La façon de se nourrir, quotidienne ou festive, est à elle seule un code d'appartenance qu'aucun emprunt ne parvient vraiment à entamer. Les grandes aires culturelles se sont d'abord définies par ce qu'on y mangeait. Il y a les civilisations du riz, du blé ou du maïs, les peuples de mangeurs de poisson et ceux qui se nourrissent de viande. Manger avec ses doigts, avec des baguettes ou à l'aide de couverts dit qui l'on est, avec souvent plus d'évidence que d'autres signes de culture. Et les religions ne s'y sont pas trompées, qui ont séparé le licite de l'illicite en matière de nourriture pour tracer la frontière entre les croyants et ceux qui restaient sourds à la Parole.

Dis-moi donc ce que tu manges, et je saurai quel Dieu tu adores, sous quelle latitude tu vis, de quelle culture tu es l'enfant, de quel groupe social tu te réclames. La lecture de la cuisine est un fabuleux voyage dans la conscience que les sociétés ont d'elles-mêmes, dans la vision qu'elles ont de leur identité.

Certains assurent toutefois que les repères se brouillent. Le XXe siècle, dans lequel d'aucuns veulent discerner la fin de tant de choses, verra-t-il également se dissoudre dans une culture mondiale de masse ces cuisines qui sont comme la signature des peuples auxquels elles appartiennent ?

L'internationalisation dont on nous menace n'a pas épargné, il est vrai, le domaine alimentaire. Si les produits de l'agriculture n'assurent plus la majorité des échanges mondiaux, leur importance demeure assez grande pour que les puissances soient prêtes à se livrer bataille afin d'accroître ou de sauvegarder leur part dans ces flux. La difficile conclusion des négociations du GATT en décembre 1993 a donné la mesure de l'enjeu alimentaire mondial. On y a vu les États-Unis d'une part, l'Europe communautaire menée par la France de l'autre, jouer leur va-tout diplomatique pour conserver leur position dans les échanges alimentaires internationaux. L'enjeu financier était certes de taille. Mais pas seulement. Les protagonistes de la négociation se sont aussi reproché réciproquement de vouloir se servir de l'« arme alimentaire » comme d'un outil de domination culturelle. L'élargissement à l'échelle planétaire des manières de manger occidentales et la dimension universelle acquise par des produits naguère encore exclusivement européens donnent la mesure de la puissance de l'Occident, du caractère hégémonique des modèles culturels qu'il propose au reste de l'humanité. Le rayonnement de l'Europe ou de l'Amérique du Nord se traduit entre autres par le fait que le Dakarois ou l'habitant de Mexico abandonnent la boule de mil ou la galette de maïs pour la baguette ou le pain de mie, souvent accompagnés au petit déjeuner de margarine ou de lait concentré importés.

L'exportation par l'Occident de sa technologie, de ses excédents agricoles dont il inonde la planète, s'accompagne pour une part de moins en moins négligeable de l'exportation de ses habitudes alimentaires. L'industrialisation de la chaîne alimentaire contribue d'autant plus à l'uniformisation qu'elle intervient à tous les stades de la production. Les paysans du monde entier s'approvisionnent aujourd'hui en semences hybrides, fruits d'un processus de sélection qui a considérablement restreint, au cours des quarante dernières années, la variété génétique de l'agriculture mondiale. Les céréales dites secondaires, comme les mils et les sorghos, ou le *tef* éthiopien qui donne en fermentant ce goût aigrelet si caractéristique de la galette de ce pays, reculent au profit du blé ou du maïs. Les mêmes produits figurent désormais sur toutes les tables du globe, du moins celles qui dépendent de la sphère marchande pour leur approvisionnement, sans que leurs utilisateurs le sachent toujours, parce qu'ils continuent de les accommoder différemment.

Contrairement à d'autres flux, ceux qui servent à remplir les assiettes ne sont cependant pas à sens unique. Des cuisines naguère fort exotiques font aujourd'hui partie du quotidien alimentaire des Occidentaux. Les marques spécialisées de plats préparés proposent dans les supermarchés du riz cantonais, et l'avocat est devenu un aliment bien banal. L'étranger, en cuisine du moins, a cessé d'être étrange, et l'on ne se montre plus d'une grande audace en faisant voisiner, à côté d'une viande, la moutarde et le chutney. Alors qu'en France le cosmopolitisme culinaire était jadis l'apanage de Paris, chaque ville de province possède aujourd'hui son restaurant chinois ou « oriental ».

L'occidentalisation du monde d'un côté, la banalisation de l'exotisme culinaire de l'autre donnent-ils donc raison à ceux qui voient dans l'émergence du fameux « village planétaire » la mort des particularismes ?

L'observation ferait plutôt penser que la cuisine demeure un des lieux de résistance de la conscience identitaire et que, dans ce domaine, la standardisation des productions et l'accroissement des échanges n'engendrent pas les métissages que l'on observe ailleurs. Signe d'appartenance, code de reconnaissance social ou culturel, la cuisine continue de séparer, plus qu'elle ne réunit. Ainsi, la démocratisation récente de certains produits n'a pas aboli les frontières sociales, elle les a déplacées. Depuis que l'on en trouve dans les grandes surfaces au prix du pâté de campagne, les bonnes maisons ont cessé de servir du saumon fumé en entrée, à moins qu'il soit d'un coût et d'une provenance qui continuent d'en faire une denrée rare. Dans le registre culturel, l'ordinaire des familles immigrées installées de longue date dans l'Hexagone ressemble, à quelques détails près, à celui des Français. Mais elles ne conçoivent pas de fête sans plat emblématique. Même quand ses ingrédients changent ou que sa composition évolue, le plat ethnique, national ou régional, a les vertus d'une carte d'identité. D'autant qu'il existe en cuisine le « vrai » et sa contrefaçon. Les restaurants de couscous ont beau avoir envahi les villes françaises, un Maghrébin conviera l'étranger chez lui pour goûter « son » couscous, le vrai, qui n'a rigoureusement rien à voir - il insiste - avec la pâle imitation que l'on sert au bistrot.

S'appropriant les emprunts en oubliant leur origine, feignant de croire que le contenu de son assiette reste imperméable à l'acculturation, le mangeur continue de construire sa généalogie en donnant sens à ce qu'il mange. Il s'offrira des aventures culinaires ou s'accommodera d'un fast-food qu'il pourra même trouver savoureux. Mais, comme le polyglotte continue de penser, de compter, de rêver et d'aimer dans sa langue maternelle, le mangeur dira qui il est en décrivant la cuisine de sa mère, et en lui promettant fidélité. Cette parenté n'est pas fortuite. Comme les langues, les cuisines cohabitent sans se mêler, empruntent les unes aux autres tout en craignant de se confondre, servent en somme à nommer l'Autre, mythique ou réel, en l'absence duquel les humains ne savent pas exister.

Sophie Bessis

1. *Identité, à vos marques*

Sur les traces

Mireille Vincent-Cassy

L'Europe carnivore du XVe *siècle a structuré le goût occidental. Malgré les évolutions ultérieures, le mangeur d'aujourd'hui est l'héritier des arts culinaires forgés à la fin du Moyen Âge.*

Pendant plus d'un millénaire, depuis la fin de l'époque romaine jusqu'aux premiers livres de recettes des XIVe et XVe siècles, on n'a rien su, ou presque, de la préparation des aliments. Il semble que l'art culinaire n'existait pas. L'apparition des premiers textes, à la fin du Moyen Âge, a constitué un tournant décisif, longtemps mal apprécié, puisque des historiens comme Fernand Braudel n'y virent que d'affreux « salmigondis » immangeables[1]. Or cette cuisine recèle les principes de celle des temps modernes. Dans la cuisine médiévale en effet, telle qu'on peut l'étudier au travers des recettes du XVe siècle, aussi travaillées que de la broderie, on retrouve tous les aspects de la civilisation médiévale et de ce que lui doit la civilisation occidentale ultérieure. Beaucoup de nos goûts actuels en tirent leur origine. Les travaux récents de Jean-Louis Flandrin, Allan J. Griego, Bruno Laurioux, Odile Redon, pour ne citer que ces chercheurs, montrent que, au-delà d'une complication apparente, l'art de confectionner les mets à la fin du Moyen Âge révèle une cuisine réglée, à la fois internatio-

1. Fernand Braudel, *Civilisation matérielle, économie et capitalisme,* XVe-XVIIIe *siècle*, t. 1, Colin, 1979, p. 159-160.

nale et régionale, où le choix, la préparation des aliments dépendent non seulement de la place économique et sociale que chaque mangeur occupe dans la société, mais aussi d'une vision du monde et d'un imaginaire collectif qui « structure le goût ». S'il y a des discontinuités dans l'art culinaire, il y a comme dans tous les arts des permanences. Or c'est de ce premier art culinaire que le monde occidental a fondé, par continuité ou réaction, tout ce qui distingue sa cuisine de celle des autres mondes.

Comme tous les livres de cuisine, ceux du Moyen Âge, écrits d'abord en latin à la fin du XIIIe siècle, puis produits dans toutes les langues vulgaires de l'Occident depuis la fin du XIVe siècle, suggèrent plus l'idéal gastronomique que la réalité. Destinés aux cuisiniers des puissants comme *Le Viandier* auquel le maître queux de Charles VI, Taillevent, ajouta son nom, ou à des riches urbains comme *Le Ménagier de Paris*, ces ouvrages sont des modèles de célébration de la cène[2]. Ce caractère omniprésent du repas chrétien est accentué à la fin du Moyen Âge par un détournement du sens du partage qu'entretenait l'idéal chevaleresque. Il impose alors aux puissants l'idée que la prodigalité est nécessaire à leur renommée et à leur gloire. Le développement du commerce et le pouvoir de l'argent n'ont donc fait qu'accentuer la recherche des produits coûteux et le désir d'ostentation et de gaspillage. L'hôte pouvait ainsi proposer jusqu'à six services consécutifs comportant chacun plusieurs plats, cinq ou six servis simultanément, sans compter les entremets. Les repas princiers concevaient donc la distribution des restes aux pauvres.

Viandes, sauces et épices

Menus carnivores avant tout pour les jours ordinaires, ils proposent des mets sans viandes ni graisses animales pour les cent vingt à cent trente jours de jeûnes annuels qu'impose la discipline chrétienne pour le temps du Carême, les veilles de fêtes, les vendredis et les samedis. Sauf quelques préparations de poissons spécifiques,

2. *Le Viandier* de Guillaume Tirel dit Taillevent, éd. J. Pichon et G. Vicaire, Paris, 1892, Slatkine Reprints, Genève, 1967 ; *Le Ménagier de Paris*, éd. J. Pichon, Paris, 1847, Slatkine Reprints, Genève, 1976.

comme la lamproie à la sauce noire, les plats des jours d'abstinence emploient en fait les mêmes recettes que celles des jours gras, en remplaçant la viande par du poisson : c'est le cas de la tourte ou du blanc-manger.

À l'Europe du Nord, celle des peuples germaniques, ceux-là même que les Romains traitaient de barbares parce qu'ils ne consommaient ni pain, ni vin, ni huile d'olive, la civilisation occidentale a emprunté son goût si prononcé pour les plats de viande. Et ce passé a structuré le goût de cette Europe carnivore dont l'influence perdure encore.

Carnivore, l'Occident ne l'a jamais été autant qu'au XVe siècle. Il n'y a pas que les riches qui mangent de la viande, le simple peuple aussi. Sans atteindre la moyenne de 100 kilos par an et par personne estimée pour l'Allemagne du XVe siècle, des consommations annuelles de 40 à 50 kilos ont été relevées pour des villes comme Carpentras vers 1450, alors qu'en 1550 la consommation chutait de moitié en France pour n'atteindre que 14 kilos par individu et par an aux XVIIIe et XIXe siècles. L'explication de cette surconsommation de viande et de l'omniprésence des bouchers provient du désastre démographique issu de la grande peste de 1348 et de ses récurrences. En diminuant la population d'un tiers de ses effectifs, cette épidémie entraîna la conversion de terres de culture en terres d'élevage et permit alors aux travailleurs survivants d'acheter de la viande fraîche grâce aux salaires élevés de cette période.

Cependant, ce qui différencie la consommation de viande du riche de celle du pauvre, c'est que le paysan la mange bouillie ou cuite à l'étouffée car il ne dispose ni de four ni de gril mais seulement, au centre de la maison, d'un foyer aéré par la porte, à moins qu'il ne soit situé à l'extérieur de la maison. En ville, les charcutiers proposent des plats tout cuits.

Si les puissants peuvent consommer des viandes rôties, les livres de cuisine sont souvent muets sur les préparations de la viande, s'attachant surtout aux sauces. Le cuisinier médiéval est d'abord un saucier, mais un saucier qui n'utilise ni beurre, ni gras, ni liant farineux. À peine 2 % des recettes comportent du beurre, et cela à la fin du XVe siècle. Alors même que l'Église permettait enfin, dans les régions productrices du nord-ouest de l'Europe, l'usage du beurre en temps de Carême, la cuisine des jours gras continuait à se faire avec des graisses animales et celle des jours maigres à l'huile. Ce sont donc des préparations légères, liées avec de la mie de pain, du jaune d'œuf, des amandes, des noix, des végétaux et des épices pilées. Ces sauces n'ont rien à voir avec les sauces au beurre des années 1550 ni avec les sauces grasses de l'époque romaine. Ainsi la sauce cameline, faite de pain grillé pilé avec de la cannelle et du gingembre, ainsi les nombreuses sauces acides à base de vinaigre, de verjus ou de jus d'orange amère ou de citron auxquelles les épices - safran, cannelle, muscade, gingembre, etc. - ou des herbes donnent des teintes très précisément indiquées. Aucune mention n'est faite des proportions.

Les épices, introduites à profusion dans 80 % des recettes, doivent « donner couleur ». La vue des plats structure en effet le goût des mangeurs du XVe siècle. Ils souhaitent une cuisine démonstrative[3]. Cette dernière doit affirmer un certain nombre de valeurs qui résultent de la conception du monde, de la place que s'attribuaient les hommes de ce temps dans le cosmos, dans la société, dans l'économie de leur salut ; bref, dans leur imaginaire. Si les épices viennent d'Orient, c'est parce qu'elles proviennent de régions proches du Paradis. Joinville pense qu'elles tombent des arbres paradisiaques. C'est le vent qui les transporte dans ces régions extrêmes traversées par les fleuves qui naissent au Paradis (Nil, Gange, Tigre ou Euphrate). La grande mode de l'*Aframonium melegueta* au XVe siècle, surtout en France, provient indéniablement du nom français que lui attribuèrent les marchands : « graine de paradis ». Comment renoncer à cette part d'éternité quand on a les moyens de se la procurer avec de l'argent ? La baisse du prix du poivre noir provoquée par sa très grande importation fit qu'elle devint une épice de pauvre à la fin du Moyen Âge. On constate une même désaffection, quoique moins marquée, pour le safran cultivé dorénavant en Espagne ou en Languedoc. En permettant aux bourgeois de faire dorer les pattes de leurs volailles au safran, les riches seigneurs n'avaient plus qu'à utiliser les feuilles d'or. Vers 1550, cet usage médiéval des épices avait disparu.

3. M. Vincent-Cassy, « Des couleurs et des saveurs », *La Gourmandise*, Autrement, série Mutations/Mangeurs n° 140, p. 108-117.

« Dis-moi ce que tu manges, je te dirai qui tu es »

Il ne faut pas oublier que les épices, comme le sucre de canne, sont d'abord des remèdes capables de compenser les humeurs mauvaises des hommes. Sans entrer dans une explication de la médecine galénique suivie au Moyen Âge, il faut savoir que, puisque chaque homme, animal, végétal, ou aliment quelconque concentre en lui les quatre éléments du monde macrocosme (eau, feu, air, terre) qui déterminent des humeurs plus ou moins sèches, chaudes, humides ou froides de l'homme microcosme, il suffit de déterminer l'humeur dominante de chaque aliment pour connaître son rôle sur les excès ou les défauts des humeurs humaines. À ces idées médicales reprises de l'Antiquité, les médecins et diététiciens médiévaux joignirent une autre image conçue au XIIe siècle comme fondée par Dieu.

Puisque la hiérarchie sociale est comme un corps humain dont la tête est le prince, les bras la noblesse, la poitrine les hommes d'Église, le ventre les bourgeois, et les pieds les travailleurs, c'est à ces derniers que conviennent les légumes qui poussent dans la terre. Et les médecins de désigner comme peu digestes, peu nourrissants et à proscrire à la nature d'un noble les poireaux, les raves, oignons et aulx qui poussent sous le sol. Nourriture réservée aux pauvres comme les fèves, lentilles et vesces qui croissent près du sol, les légumes apparaissent à peine dans les menus princiers. Seul *Le Ménagier de Paris* accorde une place aux préparations de légumes, car il s'adresse aux bourgeois. Nombreux sont pourtant ceux qui, comme Francesco Datini, ce marchand de Prato des années 1400, refusent de manger des légumes quand leur condition sociale s'élève. Même le melon a mauvaise réputation, parce qu'il pousse sur la terre.

Le meilleur pour un mangeur de haute condition est de ne se nourrir que de ce qui approche le ciel. Le goût insatiable des gourmands du XVe siècle pour les volailles, qui volent dans les airs et touchent peu le sol, des petits oiseaux qui s'élèvent haut dans le ciel, s'explique ainsi facilement. De même les fruits le plus haut placés sur les arbres, tels que pommes, poires, cerises, figues, oranges, noix, noisettes, amandes, sont meilleurs que les fraises ou le raisin et consommés de préférence sur les tables aristocratiques - encore faut-il les prendre au début du repas et en faible quantité.

Une autre affirmation qui structure le goût des hommes du XVe siècle provient d'un même type de symbolisme. Elle impose qu'aux hommes forts, ceux qui travaillent de leurs mains, conviennent les « grosses viandes » de bœuf, de mouton ou autres vieux quadrupèdes, le porc qui n'a pas bonne réputation, le poisson salé, les abats, le gros lard jaune et les saucisses. Aux oisifs, gens délicats, conviennent les « viandes délicates » : veau, chevreau, agneau, oisons, chapons, perdrix, tourterelles et faisans qui atteignent du même coup des prix inaccessibles aux bourses du peuple.

Quand un confesseur demande à un paysan s'il a « recherché des mets délicats », la question ne porte pas sur son plaisir gustatif (comme le comprennent beaucoup d'historiens) : plus grave, elle met en cause un péché de transgression sociale. Chacun doit manger suivant sa condition. Manger délicat n'est donc pas un péché de noble. La preuve en est donnée par les seigneurs prieurs de la ville de Florence qui ne mangeaient fèves et gros bœuf que les deux jours du carnaval et de la fête des fous, où l'on pratiquait l'inversion et la dérision.

Le pain, le vin, la pommée et la bière

Représentant toujours moins de 8 % des dépenses des maisons nobles, le pain est l'essentiel de l'alimentation des travailleurs. C'est le mode alimentaire dominant de l'Antiquité méditerranéenne qui s'est étendu à toute la chrétienté. Les céréales sont par ailleurs la première production de l'agriculture féodale, faciles à vendre, à stocker et à transporter. Elles donnent un pain de froment, de méteil (céréales mêlées), d'avoine, d'orge ou de seigle. C'est le manque de blé qui crée toujours la famine. Or le XVe siècle français n'a connu que sept ans de famine, contre trente-trois au XVIe siècle. On doit reconnaître que la quantité disponible a été globalement beaucoup plus élevée en cette fin du Moyen Âge qu'aux siècles suivants, malgré les guerres et les ruptures de stock que continuent d'occasionner les aléas climatiques locaux. La baisse démographique a accru la quantité de céréales disponible. Les salariés urbains ont donc pu consommer du pain blanc durant ce siècle, même si bourgeois et moralistes considèrent que le pain noir leur est réservé. Si l'on sait que le pain frais était déjà très apprécié, on sait aussi qu'il y avait à Paris des pains plus recherchés que d'autres, comme celui de Corbeil. Leur provenance cependant préoccupait moins que celle du vin.

Le vin est la boisson par excellence. Sa culture a suivi l'implantation du christianisme au point que l'on cultivait alors la vigne dans des régions où elle a disparu ensuite comme l'Angleterre, la Bretagne ou la Picardie. Les vins de Beauvais ou de Soisson, au goût acide, étaient alors réputés. Le XVe siècle est celui de l'offensive des vins forts, plus alcoolisés, et celui de la diffusion des crus. Outre les vins liquoreux, provenant de Chypre, de Crète ou d'Espagne (la malvoise) consommés comme digestifs et qui valaient jusqu'à vingt fois plus cher que le vin ordinaire, on connaît les crus de La Rochelle, de Beaune, d'Auxerre ainsi que le claret d'Aquitaine dont la production est essentiellement exportée vers l'Angleterre. Parmi les vins blancs, on apprécie particulièrement les vins « français », c'est-à-dire ceux d'une grande Île-de-France étendue de Laon à Étampes et de Meulan à Châlons. Il faut cependant les boire vite car on ne connaît pas les techniques de conservation du vin et il se « pique » d'autant plus rapidement que son degré alcoolique est faible.

L'Europe du Nord produit la cervoise (*ale* en Angleterre), sorte de bière épaisse faite avec de l'orge (et sans houblon) fabriquée à la maison ou dans des brasseries artisanales. C'est un substitut du vin, très déprécié, y compris des populations urbaines. Au XIVe siècle, le cidre ou pommée fait son apparition en Bretagne, en Picardie et en Normandie, mais il s'agit d'un breuvage populaire qui ne gagnera les classes aisées de la société qu'au XVIe siècle. La vraie bière de houblon n'est produite qu'au XVe siècle et connaît un réel succès dans les pays germaniques et les actuels Pays-Bas.

Cuisines nationales et régionales

On peut ainsi constater à la fin du XVe siècle des goûts régionaux. Ces derniers sont d'abord liés aux productions locales. Les Bretons sont moqués parce qu'ils sont buveurs de lait et consomment autant de beurre que les gens de Zélande ou de Frise, dont on disait qu'ils le mêlaient à leur cervoise ou à leur vin. Le beurre, presque inconnu des recettes de la cuisine princière, est une graisse totalement absente des pays méditerranéens qui utilisent exclusivement l'huile d'olive. Si le reste de l'Europe continentale fait usage de saindoux les jours gras, les Castillans ou les Aragonais ne l'utilisent pas du tout (sauf avec le gibier). Alors que la cuisine à l'huile d'olive importée et chère s'impose les jours maigres, il existe aussi des huiles régionales comme celle de pavot dans le Nord ou de noix dans le centre du pays. On doit aussi citer ici les pâtes, de différentes formes, spécialité italienne depuis le XIIIe siècle, que l'on dit apportées de Chine par Marco Polo mais qui existaient sous forme de lasagnes dès l'époque romaine.

Les noms de certaines recettes des livres de cuisine laissent supposer qu'il existe des cuisines régionales ou nationales : sauce poitevine, brouet d'Angleterre, civé d'Allemagne dans les livres français, sauce française ou tourte française dans les livres anglais ou italiens, par exemple. Pourtant, en confrontant ces recettes réputées nationales avec les livres de cuisine des pays concernés, on ne retrouve aucune spécificité de ce type dans la cuisine des grands chefs. Les noms qu'ils attribuent à ces plats prouvent pourtant qu'ils avaient conscience que les cuisines différaient selon la géographie. Les cuisiniers des grands personnages de cette époque ont des recettes fort semblables qu'ils désignent avec les mêmes termes de brouet, porrée ou blanc-manger, par exemple. Quand on compare, comme l'a fait Jean-Louis Flandrin, trente-sept recettes de blanc-manger, on constate que si le blanc caractérise ce plat, la couleur peut être obtenue indifféremment avec du blanc de poulet ou de poisson, du riz, des amandes pilées ou de la mie de pain. Aucun caractère national n'éclaire véritablement ces différentes recettes[4]. Ainsi les Catalans et les Italiens utilisent de préférence le riz - qu'ils produisent - mais les Anglais aussi - alors qu'ils l'importent.

De la même manière, si les chefs italiens ou catalans introduisirent le sucre dans leurs compositions plus précocement que les

4. J.-L. Flandrin, « Internationalisme, nationalisme et régionalisme dans la cuisine des XIVe et XVe siècles : le témoignage des livres de cuisine » in *Manger et boire au Moyen Âge*, colloque de l'université de Nice, Les Belles Lettres, 1984, t. 2, p. 75-91.

autres cuisiniers européens, c'est bien évidemment parce que la canne à sucre était cultivée depuis longtemps en Sicile ou dans la région de Valence. Une demande de sucre plus importante aurait fait croître la production. Or elle n'intervient qu'au XVe siècle. L'engouement pour le sucre correspond donc à un changement du goût, à un progressif abandon des saveurs acides encore appréciées au début du siècle, en faveur d'une cuisine plus douce. Cela bien avant l'arrivée du sucre des Amériques. Ainsi la sauce cameline de la fin du siècle renonce à l'acidité du vinaigre dans lequel on faisait tremper le pain cent ans plus tôt. L'évolution vers des saveurs plus douces est simultanée dans tous les pays.

Une cuisine internationale, enjeu social

Rappelons que les livres de recettes de l'époque étaient destinés aux cours royales et princières. Les membres de ces milieux, souvent apparentés, se recevaient mutuellement, partageaient un mode de vie commun, les mêmes valeurs culturelles et échangeaient aussi leurs cuisiniers. Il n'est donc pas étonnant de trouver les mêmes recettes des deux côtés des Pyrénées, des Alpes ou de la Manche. C'est une cuisine internationale où l'abondance des mets proposés et des dépenses occasionnées par la table sont volontairement excessives. Princes et seigneurs dépensent des sommes considérables en nourriture. Les plus riches marchands en font autant, au point que les nobles, se sentant menacés, imposèrent la promulgation de lois somptuaires qui limitaient le nombre de plats qui pouvaient être servis à la table d'un bourgeois. Souvent répétées, ces lois ne furent pas appliquées. Cela ne limitait en effet pas les dépenses et l'on pense que les hautes tourtes, typiques de la cuisine de la fin du XVe siècle, qui superposaient pâtés de viandes, de poissons et ingrédients divers en couches multiples, auraient été, à l'origine, une manière de détourner ces interdits puisqu'il ne s'agissait que d'un seul plat.

Dans cette société du XVe siècle où l'inégalité sociale se dit de fondement divin mais où l'argent peut occulter les différences, la table est un enjeu social. Elle manifeste la possibilité à quiconque s'est enrichi d'affirmer sa puissance par le même genre de vie que la catégorie sociale qui le précède. C'est ainsi que les simples bourgeois de Valence veulent manger comme les grands marchands italiens de la ville qui tiennent le haut du pavé. Les jours de fête, ils prirent l'habitude d'acheter à un prix exorbitant du vermicelle importé d'Italie, qu'ils accompagnaient de veau de lait, denrée rare et tout aussi dispendieuse en cette région de la couronne d'Aragon.

C'est bien à ce goût médiéval de l'abondance que les tableaux du XVIe siècle emprunteront le thème de l'entassement ostentatoire des nourritures sur les tables princières. Cet attrait pour l'excès alimentaire et théâtral perdurera jusqu'à la fin du XVIIIe siècle, quand les riches commenceront à se cacher pour ne pas faire d'envieux. C'est aussi à l'époque médiévale, marquée par le sens de la hiérarchie des mangeurs et de ce qui convient à leur état, que seront appréciés les nouveaux aliments apportés du Nouveau Monde. Ce n'est pas un hasard s'il fallut un siècle et demi pour faire accepter la pomme de terre par les populations occidentales. Encore fallut-il que Louis XIV en ingère pour prouver que ce légume sorti de la terre pouvait convenir au tempérament d'un roi dont la tête jouxtait le ciel.

Mireille Vincent-Cassy

« Au commencement était le Verbe »

Lucetta Scaraffia

Est-ce pour avoir rendu licites toutes les nourritures comestibles que le christianisme est devenu universel ? Les interdits alimentaires tracent en revanche les frontières des religions juive et musulmane.

En 1994, lorsqu'il a célébré l'entrée en Carême, Jean-Paul II a suggéré aux fidèles de renoncer à la télévision plutôt que d'observer les restrictions alimentaires imposées par la tradition. En effet, dans notre monde où l'on mange trop, ce sont les médecins et les spécialistes de l'esthétique qui prescrivent le jeûne pour des raisons de santé ou de « forme » ; aussi ne saurait-on considérer la diète comme une pénitence.

On peut voir dans ce conseil du pape la dernière étape d'un processus de détachement par rapport aux prescriptions alimentaires de l'Ancien Testament, qui reposent sur l'existence de nourritures impures et donc interdites. Un processus amorcé dès les origines du christianisme. Déjà l'écart apparaît dans le Nouveau Testament[1] : « Il n'est rien d'extérieur à l'homme qui, pénétrant en lui, puisse le souiller, mais ce qui sort de l'homme, voilà ce qui souille l'homme. [...] Car c'est du dedans, du cœur des hommes, que sortent les desseins pervers[2]. » Saint Paul, surtout, clarifie dans ses Épîtres ce refus de la notion de souillure alimentaire :

1. La traduction utilisée ici, pour l'Ancien et le Nouveau Testament, est celle de la Bible de Jérusalem (NdT).
2. Marc, VII, 15, 21.

« Tout ce qui se vend au marché, mangez-le sans poser de question par motif de conscience ; car la terre est au Seigneur, et tout ce qui la remplit. Si quelque infidèle vous invite et que vous acceptiez d'y aller, mangez tout ce qu'on vous sert[3] [...] » « Car tout ce que Dieu a créé est bon et aucun aliment n'est à proscrire, si on le prend avec action de grâces[4]. »

Une partie de l'Église primitive mit cependant du temps à accepter d'abolir la distinction entre aliments purs et impurs. Saint Pierre lui-même y éprouva une certaine difficulté, comme en témoigne le songe qu'il raconte dans les Actes des Apôtres : « Il voit le ciel ouvert et un objet, semblable à une grande nappe nouée aux quatre coins, en descendre vers la terre. Et dedans il y avait tous les quadrupèdes et les reptiles, et tous les oiseaux du ciel. Une voix lui dit alors : "Allons, Pierre, immole et mange." Mais Pierre répondit : "Oh non ! Seigneur, car je n'ai jamais rien mangé de souillé ni d'impur !" De nouveau, une seconde fois, la voix lui parle : "Ce que Dieu a purifié, toi, ne le dis pas souillé." Cela se répéta par trois fois, et aussitôt l'objet fut remporté au ciel. Tout perplexe, Pierre était à se demander en lui-même ce que pouvait bien signifier la vision qu'il venait d'avoir, quand justement les hommes envoyés par Corneille, s'étant enquis de la maison de Simon, se présentèrent au portail. [...] Comme Pierre était toujours à réfléchir sur sa vision, l'Esprit lui dit : "Voilà des hommes qui te cherchent. Va donc, descends et pars avec eux sans hésiter, car c'est Moi qui les ai envoyés." Pierre descendit auprès de ces hommes et leur dit : "Me voici. Je suis celui que vous cherchez. Quel est le motif qui vous amène ?" Ils répondirent : "Le centurion Corneille, homme juste et craignant Dieu, à qui toute la nation juive rend bon témoignage, a reçu d'un ange saint l'avis de te faire venir chez lui et d'entendre les paroles que tu as à dire[5]." » Pierre se rendit chez le centurion et le convertit en disant : « Je constate en vérité que Dieu ne fait pas acception des personnes, mais qu'en toute nation celui qui Le craint et pratique la justice Lui est agréable[6]. » Ainsi commença l'œuvre de conversion des gentils.

---

3. I Corinthiens, X, 25-27.
4. I Timothée, IV, 4.
5. Actes, X, 11-22.
6. *Ibid.*, 34-35.

Le pur et l'impur

Le lien est donc explicite entre la propagation de la foi et l'abandon des contraintes alimentaires qui forme la base de la tradition chrétienne[7]. Un chrétien peut se sentir chrétien en tout lieu : il s'adapte à n'importe quel mode d'alimentation, parce qu'il refuse le concept de souillure matérielle, autrement dit l'idée que l'identité se définit par des seuils concrets de séparation, par des limites infranchissables. Dans la culture chrétienne, l'impureté ne concerne que les intentions et les pensées avec lesquelles doit vivre un homme normal - et qu'il est censé combattre.

Ici apparaît l'une des raisons majeures de la faculté d'expansion et d'« infiltration » du christianisme dans les autres cultures. Pour les juifs comme pour les musulmans, en revanche, il a toujours été problématique de s'implanter en terre « infidèle » parce qu'il était difficile d'y trouver des aliments non souillés, conformément aux commandements du Lévitique : « Ne vous rendez pas vous-mêmes immondes avec toutes ces bestioles grouillantes, ne vous contaminez pas avec elles et ne soyez pas contaminés par elles[8]. »

On peut résumer les normes alimentaires du judaïsme, nombreuses et complexes, en quelques principes essentiels : la distinction entre animaux permis et défendus ; l'interdiction de consommer le sang des animaux, d'où la nécessité de les abattre rituellement et de les vider de leur sang ; l'impossibilité de manger, parmi les animaux autorisés, ceux qui souffrent de maladies ou de défauts physiques ; l'interdiction de consommer les parties grasses, le nerf sciatique, et de mélanger la viande et les produits laitiers[9].

La diaspora d'Europe, en obligeant les juifs à vivre en étroite cohabitation avec les chrétiens, a exercé une relative influence sur ces prescriptions en surchargeant de sens les coutumes qui se heurtaient le plus radicalement à celles des chrétiens : par exemple, l'interdiction du porc et donc de la cuisine au lard, alors que le lard est resté jusqu'à notre époque le condiment le plus répandu. Pour les juifs installés en terre chrétienne, le problème consistait à s'approvisionner en aliments « purs ». Par conséquent, leurs com-

7. P. Soler, « Sémiotique de la nourriture dans la Bible », in *Annales ASC*, juin-octobre 1973.
8. Lévitique, XI, 43.
9. R. Di Segni, *Regole alimentari ebraiche*, Carucci, Rome, 1986.

munautés devaient être assez importantes pour s'assurer une certaine autonomie alimentaire[10].

L'interdiction du porc, présente dans la doctrine musulmane, provient des rapports que Mahomet, dans les premiers temps de sa prédication, entretenait avec les juifs de Médine. Ce tabou est vite devenu l'un des signes distinctifs des Arabes convertis à l'islam, par opposition aux adeptes des religions locales. Le crédit que le Prophète accordait aux contraintes alimentaires nous est indiqué - en négatif - par un épisode que cite Maxime Rodinson[11] : Mahomet ordonne aux néophytes de manger « du cœur, tabou dans leur tribu, sans quoi leur conversion eût été incomplète ».

La décision d'exclure le porc serait née à un moment où il fallait se démarquer des traditions arabes et en même temps affirmer le rattachement de l'islam au monothéisme hébraïque.

Les chrétiens, au contraire, s'étaient différenciés par rapport à la tradition judaïque en abolissant les interdits alimentaires. Ils pouvaient donc passer sans effort d'une religion à l'autre en simulant une conversion pour des raisons de commodité personnelle, comme ces milliers de « renégats » qui embrassèrent l'islam du XVIe au XVIIIe siècle, sans avoir à craindre de se souiller en adoptant un nouveau régime alimentaire[12]. À l'inverse, pour les juifs et les musulmans (en majorité espagnols) convertis par la force, il fut beaucoup plus difficile de s'intégrer dans la vie quotidienne des pays chrétiens : leur refus de manger du porc ou des aliments cuits au lard les empêchait de s'assimiler. On reconnaissait précisément les marranes, c'est-à-dire les juifs convertis, à l'odeur « atroce » qui émanait de leurs maisons, selon le chroniqueur catholique Andres Bernaldéz (XVIe siècle) : « Ils n'ont pas renoncé à leur cuisine hébraïque : ils apprêtent la viande avec de l'ail et de l'oignon rissolés dans de l'huile, au lieu du lard, qu'ils ne veulent point manger ; or la viande à l'huile laisse un goût abominable dans la bouche. Voilà pourquoi les maisons et les portes des juifs empestent comme une malédiction, à cause de ces plats. Du reste, ils disent eux-mêmes que ces mets ont une odeur hébraïque[13]. » On a pu observer à

10. A. Foa, *Ebrei in Europa. Dalla peste nera all'emancipazione*, Laterza, Rome-Bari, 1992.
11. M. Rodinson, *Encyclopédie de l'islam*, vol. IV, 1965.
12. L. Scaraffia, *Rinnegati. Per una storia dell'identità sociale*, Laterza, Rome-Bari, 1993.
13. A. Bernaldéz, *Historia de los Reyes catolicos don Fernando y dona Isabel*, t. LXX, chap. XLIII, BAE, Madrid, 1953.

quel point le respect d'un minimum d'interdits alimentaires - presque toujours le refus du porc - a permis aux marranes de préserver leur identité religieuse[14].

La fête et la pénitence

Partout, dans l'Occident chrétien, on utilisait le lard de préférence au beurre ou à l'huile d'olive. Ces derniers, notamment l'huile, étaient considérés comme « gras-maigres » : on était tenu de les consommer les jours de vigile et durant le Carême. L'Église du Moyen Âge, en imposant l'huile pendant le Carême, cherchait à unifier les usages alimentaires des régions septentrionales - où l'on ne connaissait que le beurre - et méditerranéennes - accoutumées à l'huile depuis toujours. Cependant, cette prescription rencontra de nombreuses résistances en raison de la difficulté de se procurer de l'huile d'olive, de son prix dans les zones qui n'en produisaient pas, ou bien du dégoût qu'elle inspirait aux populations qui n'en avaient pas l'habitude. Pour venir à bout de ces réticences, l'Église accorda de fréquentes dispenses, le plus souvent à ceux qui avaient du mal à s'approvisionner. C'était l'opposition entre l'huile - gras-maigre - et le lard - gras-gras - qui permettait de distinguer entre le Carême et les jours de vigile, d'une part, entre le carnaval et les fêtes d'autre part[15].

Jusqu'au XVe siècle, cette opposition n'a pas souffert d'exception. Les jours de pénitence, il était défendu de porter les armes, d'exercer une activité juridique, ou encore d'avoir des rapports sexuels. Surtout, on s'astreignait à un jeûne rigoureux du mercredi des Cendres jusqu'au samedi saint, y compris les dimanches. On consommait une nourriture à base de légumes et de poisson en un seul repas après le coucher du soleil, en principe. La parenté est évidente avec le Ramadan mais il ne faut pas oublier des différences notables, en particulier à propos des rapports sexuels, prohibés la nuit également pour les chrétiens.

14. A. Foa, « The Marranos' Kitchen : Outside Pressure versus internal Creativity in the Formation of the Marrano Persona », congrès de Bar-Ilon University, décembre 1993, sur le thème *Society, Economy and Culture in the Mediterranean Jewish communities*, en cours d'impression.

15. J.-L. Flandrin, « Le goût et la nécessité sur l'usage des graisses dans les cuisines d'Europe occidentale (XIVe-XVIIIe siècles) », in *Annales ESC*, 1983.

La présence du lard et du porc dans l'alimentation des chrétiens aidait aussi, notamment dans les régions frontalières, à se démarquer des juifs et des musulmans. En Espagne, on s'en servait pour démasquer les faux convertis. Dans les pays limitrophes de l'Empire ottoman, comme la Pologne, le porcelet avait même remplacé le traditionnel agneau pascal, le mouton étant perçu comme la viande des Turcs.

La fracture de la chrétienté, au XVIe siècle, signa la fin des tentatives d'unification dans le domaine alimentaire. Les protestants abolirent toutes les formes de diète pénitentielle et Luther lui-même se prononça contre l'obligation d'utiliser de l'huile d'olive durant le Carême. « À Rome, on ne respecte pas le jeûne, tandis que nous sommes contraints de manger une huile dont nous ne voudrions même pas pour lustrer nos souliers. Ensuite, on nous vend le droit de faire gras et de manger de tout, alors que le saint Apôtre nous dit que l'Évangile accorde la liberté à tous[16]. » En déniant toute valeur aux supports alimentaires de la contrition, les réformés ont donc parachevé l'émancipation initiée par saint Paul. Dans le sud de l'Europe, en revanche, la distinction entre les jours gras et les jours maigres - progressivement vécue d'une manière plus atténuée, moins communautaire - s'est maintenue jusqu'au concile Vatican II. Elle correspondait à une opposition entre des repas gras (les plus savoureux) et des repas maigres sans impliquer aucun interdit : on limitait simplement dans le temps l'usage des aliments « gras », donc impropres au repentir, mais indispensables, à l'inverse, pour sanctifier les fêtes religieuses.

Ainsi relève-t-on un étrange paradoxe : les chrétiens avaient une alimentation qui les différenciait des juifs et des musulmans pendant les jours « gras », tandis que, les jours de pénitence, ils se nourrissaient à peu près comme eux. En comparaison des chrétiens, juifs et musulmans faisaient une pénitence continue, en quelque sorte : leur sobriété n'a pas échappé à un grand nombre de voyageurs occidentaux, qui se déclaraient admiratifs en songeant par contraste aux longs séjours à table de leurs compatriotes - tellement nocifs pour la santé du corps et de l'âme.

Or ce constat embarrassant dans la polémique antimahométane des moines chrétiens s'est finalement inversé : si l'on se convertis-

16. M. Luther, *À la noblesse chrétienne d'Allemagne*, cit. in Flandrin, *op. cit.*.

sait à l'islam, écrivait au XVIIe siècle le jésuite français Nau, c'était pour se livrer « à la débauche et au péché », alors que les chrétiens menaient une existence « plus régulière et plus sainte[17] ». Il semble que cette opinion ait été partagée par plusieurs renégats potentiels ou effectifs, comme le montrent les paroles prononcées par Giuseppe Puoto Di Pozzuoli, en 1599, devant un hôte qui lui offrait une « pauvre friture de menu fretin » qu'il jugea « défraîchie, froide et rance » : « Je veux aller en Turquie et changer de Loi pour pouvoir manger ce que je veux tout au long de l'année... J'ajoutai que la première galère de Turcs qui croisera dans ces parages, j'y monterai : je m'en veux aller sur-le-champ en Turquie afin de vivre à ma guise, de manger ce qui me plaît et de n'être plus assujetti à la religion chrétienne, laquelle ne nous laisse point manger de viande tous les jours ni vivre selon notre liberté[18] ».

Ces deux couples d'opposés, pur/impur pour les juifs et les musulmans, fête/pénitence pour les chrétiens, jouent un rôle différent dans leurs cultures respectives : si le second a pour fonction de rythmer le calendrier liturgique, le premier s'emploie à définir les risques de contamination. Dans les deux cas, celui qui transgresse les règles perd l'état de grâce nécessaire pour entrer en contact avec Dieu, mais la rigueur et le caractère global des tabous relatifs aux catégories pur/impur n'ont pas d'équivalent dans la facilité avec laquelle sont pardonnées les infractions aux préceptes pénitentiels ni, par-dessus tout, dans la fréquence des dispenses pontificales, souvent en faveur des classes supérieures de la société. Plus tard, on trouvera une preuve de cette indulgence dans la disparition progressive de ces normes chez les chrétiens : d'emblée, elle est entière pour les protestants et, chez les catholiques d'aujourd'hui, elle résulte d'une lente obsolescence, la question de l'observance devenant dès lors une simple affaire personnelle. On ne rencontre pas de processus analogue dans les autres religions du Livre, qui demeurent inflexibles sur l'observance des normes.

Cependant, la différence entre ces deux systèmes de réglementations ne tient pas uniquement au poids inégal des interdits : il

17. M. Nau, *L'État présent de la religion mahométane, concernant la vérité de la religion chrétienne défendue et prouvée contre l'Alcoran par l'Alcoran même*, Paris, 1684.
18. Archives historiques du diocèse de Naples, Saint-Office, 305 B, in L. Rostagno, *Mi faccio turco*, Istituto per l'Oriente, Rome, 1983.

s'agit de deux systèmes symboliques bien distincts. Les tabous édictés par Moïse dessinent une frontière entre le peuple élu et les autres ; à cette ligne de partage introduite entre les peuples répond « une différence entre les animaux dont ils peuvent se nourrir[19] ». En se réappropriant les interdits hébraïques, Mahomet fait des musulmans un peuple qui se signale par un rapport particulier avec Dieu, dans une optique de séparation et d'unicité. « On appartient à une seule race, à un seul peuple, à un seul sexe, à une seule catégorie[20] », et à cela correspond une conception rigide du monothéisme.

Le christianisme, on l'a vu, a opposé dès l'origine une totale liberté d'alimentation aux interdits bibliques, renversant ainsi les barrières culturelles qui coupaient les Hébreux des autres peuples. Avec la chute des interdits, le concept de « peuple élu » tombe à son tour et l'ensemble de l'humanité devient, d'une manière indifférenciée, fille de Dieu et donc candidate à la conversion.

Dans l'Europe contemporaine, pendant que le pape invite les fidèles à priver la nourriture de son sens religieux, le judaïsme et l'islam redéfinissent les interdits alimentaires comme un signe concret de séparation par rapport au monde moderne où ils vivent - souvent pour des raisons de force majeure. Pour les chrétiens, il est très difficile d'accepter l'adhésion d'autrui à des normes dans lesquelles ils voient généralement le résidu de périodes « primitives », parce qu'elles signifient un refus de s'assimiler à leur culture.

En analysant les principes alimentaires des trois grandes religions méditerranéennes, on parvient à appréhender leurs diverses formes d'agressivité : pour les uns (juifs et musulmans), une tension continuelle - proclamer sa différence ; pour les autres, les chrétiens, l'impossibilité d'admettre que l'on puisse rejeter l'assimilation qu'ils proposent en échange de l'abolition des frontières. Sera-t-il possible, maintenant ou plus tard, de se retrouver à la même table ? Et de quelle manière ?

Traduit de l'italien par Isabelle di Natale

19. P. Soler, *op. cit.*
20. P. Soler, *op. cit.*

Ferments de cultures

Dominique Fournier

Boire seul ou en groupe, de l'alcool ou du café, sont autant de façons de vivre en société. Comme la cuisine, les boissons définissent et organisent des valeurs communes.

Les boissons semblent avoir longtemps souffert d'un curieux ostracisme de la part des érudits modernes qui s'intéressaient à l'alimentation. Elles restaient ignorées ou réduites à la portion congrue, et les belles consciences se faisaient un devoir de vitupérer contre le moindre breuvage alcoolisé. Tout se passe comme si les sociétés contemporaines, obnubilées par les problèmes d'hygiène corporelle et d'alcoolisme social (le mot n'apparaît qu'à partir du XVIIIe siècle), confondaient toutes sortes de liquides alimentaires en ne mettant l'accent que sur l'aspect transgressif des boissons alcoolisées. Il est vrai toutefois que certaines langues, tel le français, ont toujours été assez explicites à ce sujet, qui emploient le terme « boire » pour désigner péjorativement l'excès.

Pourtant, alors que de nombreux mythes, histoires « officielles » ou légendes, insistent sur la fonction cosmogonique essentielle de l'eau, ils reconnaissent aux boissons fermentées un rôle crucial dans les processus d'émergence culturelle. Toutes, le vin méditerranéen, le *kvas* nordique, la *chicha* andine, le *pulque* mexicain, d'autres encore, ont été perçues par leurs inventeurs et premiers utilisateurs comme des produits divins, des moyens agréables et indispensables à l'homme désireux de vivre en société tout en restant soumis à un environnement naturel encore menaçant. Les boissons occupent une place à part dans les systèmes alimentaires : elles sont, plus que tout autre aliment, indispensables à l'organisme ; mais comme, en même temps, certaines d'entre elles conduisent à des extases incertaines, elles se situent souvent à la marge des repas quotidiens et sont volontiers considérées comme relevant d'une recherche de type hédoniste.

Comment s'étonner dès lors de la richesse symbolique qui s'y rattache ? Comment ne pas s'arrêter sur le rôle que ces produits aussi marqués culturellement ont eu aux moments historiques où les sociétés commençaient d'entretenir des relations entre elles, liens pacifiques, ou pressions coercitives ?

Certains grands savants de notre Antiquité, et ceux qui s'en réclamaient encore longtemps après, affirmaient que l'eau était un élément essentiel dans l'ordre de l'univers. Elle est en effet nécessaire à l'existence même si sous ses diverses formes (pluie, source, puits profond, fleuve...), élément simple, substance instable, elle témoignerait en fait du caractère aléatoire et complexe des choses de la vie.

Ainsi donc, les populations traditionnelles, s'arrêtant à la notion de fluide, mettaient l'accent sur l'aspect mouvant et vivant de l'eau, insistaient sur sa complexité, sur ses fonctions de soutien biologique et de témoin culturel, autant d'éléments favorables à une symbolisation majeure. Mais si l'eau évoque l'idée d'une ambivalence incontrôlable, preuve évidente de l'équilibre instable établi entre la nature et la divinité, que dire des boissons fermentées dont l'invention constitue une étape essentielle dans l'émergence d'un imaginaire culturel très spécifique, et aboutit à des comportements alimentaires fortement ritualisés ?

Rituels et libations

Dès qu'ils eurent créé le monde et les hommes, les dieux mexicains se demandèrent ce qu'ils devaient faire pour « réjouir [l'homme], afin qu'il prenne plaisir de vivre sur la terre, et qu'il nous vénère et chante et danse ». Cet extrait d'un mythe aztèque rapporté au XVIe siècle par le « cosmographe du Roy » A. Thévet préfigure l'invention du *pulque* fermenté et suggère que celui-ci fut créé pour nourrir l'homme et lui apporter quelque agrément. D'une certaine façon, la plupart des cultures anciennes rendirent compte de cette complémentarité des boissons en prévoyant deux moments de consommation distincts : d'un côté le repas quotidien, généralement réduit au cercle domestique, de l'autre les libations collectives qui, à l'image du *symposion* grec, se tournent vers le plaisir des sens et de l'esprit.

En fait, il est peu de cultures qui, comme la nôtre, tolèrent le mélange des éléments liquides, même non alcoolisés, et des plats consistants au cours d'un même repas. Ailleurs, de nos jours encore, ce n'est souvent qu'à l'occasion du petit déjeuner et, éventuellement, d'un dîner très léger, que l'ensemble de la maisonnée peut partager une boisson (le café du matin, les bases lactées, chocolatées, les bouillies très liquides) accompagnant alors la préparation solide élaborée à partir de la céréale de base (pain de blé, galettes de maïs, gâteaux de riz, etc.). Dans les autres séquences alimentaires, les convives ne boivent qu'une seule fois, à la fin du repas. Gare aux voyageurs assoiffés qui, un peu partout dans le monde, et comme le père Ajofrin dans le Mexique du XVIIIe siècle, demanderaient « de l'eau aux serviteurs au milieu du repas, [car] ceux-ci s'empressent de retirer leur assiette » !

Même si l'eau, consommée pure, en décoction avec des fruits, ou en infusion, est sans doute la boisson la mieux partagée autour de la plupart des foyers, tous sexes et classes d'âge confondus, les hommes de certaines zones de production alcoolique tendent à se réserver l'usage d'une ration de vin ou de bière. Dans ce contexte purement alimentaire où la cellule familiale se sustente avant tout pour se reproduire, le « verre » final est sensé faciliter la digestion, rétablissant une harmonie voulue par la nature. C'est sans doute pour cela que, dans le contexte américain, toute prise « alimentaire » de *chicha* ou de *pulque* impose une forme de rituel : avant de porter le récipient à ses lèvres, le buveur est tenu de verser à terre quelques gouttes du breuvage en signe de reconnaissance envers la divinité. Et encore, est-il besoin de rappeler à ce sujet que les femmes ont été tenues pendant des siècles à l'écart des libations domestiques, pour la seule raison que leur complexion était considérée comme « chaude », et qu'à ce titre l'ingestion d'une boisson même faiblement alcoolisée risquait de rompre l'équilibre précaire établi entre la structure familiale et l'ordre naturel ?

Il est donc vrai, comme l'affirme l'adage provençal « Qui a le pain, le vin et le fromage laisse venir le temps parce que c'est un sage », que les boissons fermentées constituent un aliment particulier auquel on confère jusqu'à aujourd'hui des vertus nutritionnelles et des fonctions reconstituantes. Et c'est peut-être là une des raisons paradoxales de la baisse actuelle de la consommation de vin en France. La diversité alimentaire dont il dispose désormais entraîne non seulement le mangeur à faire passer la sagesse traditionnelle derrière les traités de diététique modernes, mais aussi à se convaincre qu'il n'a plus besoin de ces calories trop périlleuses, jadis qualifiées d'« indispensables au travailleur de force ». Les gens convenables se reconnaissent dans un système de valeurs qui les pousse à englober dans le même opprobre chantier et estaminet, à ne retenir que l'excès dégradant ; ils sont encouragés à délaisser la boisson alimentaire, trop quotidienne, par l'élévation de leur désir de vin vers un produit noble, rare et cher, capable de satisfaire leurs prétentions hédonistes et d'exprimer leur position sociale.

À l'heure où de grands groupes industriels contrôlent le marché de la boisson, il n'y a plus lieu de disputer si le vin rafraîchit l'individu, s'il lui échauffe les sens ou réconforte sa constitution. La soif impose de boire d'une petite bouteille capsulée où les sucres ne sont pas transformés et où du CO_2 habilement ajouté donne l'illusion de cette vie qui était jusqu'alors l'apanage des boissons fermentées. Curieusement, la consommation de ces boissons « rafraîchissantes » semble se répandre plus vite dans les pays où le lait manque et où l'eau saine est une denrée rare : elle concilie tant les recommandations de l'instituteur, professeur d'hygiène officielle, que la nécessité d'épargner du combustible difficile à obtenir mais indispensable pour bouillir l'eau, ou de céder à l'attirance des petits pour le sucre. On renonce ainsi à l'apprentissage culturel des boissons fermentées, on abandonne peu à peu certains rapports sociaux, certains comportements fondés sur les valeurs de nutrition et de communication traditionnellement attribuées aux vins de raisin ou de palme, aux *chichas*, à tous ces breuvages qui font partie des prestations d'échange de travail des agriculteurs africains, américains, méditerranéens.

Le savoir-boire

Mieux que l'eau, le produit fermenté symbolise la force vivante que l'homme a su extraire de la sphère de la nature. Jalon décisif dans le processus de connaissance technique, il établit aussi le départ entre la simple satisfaction des besoins primaires et l'expression des relations culturelles entre les hommes.

Dans certaines cultures, les occasions de boire de façon acceptable (en compagnie, mais en l'absence des femmes décentes) visent à exprimer publiquement les valeurs fondamentales de la vie sociale. Il s'agit davantage pour le groupe sexuel dominant de reproduire des normes culturelles que de consommer un breuvage enivrant. C'est pourquoi si peu d'ivrognes sortent des bars de Basse-Andalousie, véritable institution où vin local et bière sont pourtant vendus en grandes quantités ; un rigoureux contrôle de soi et un esprit bien adapté (la *gracia*) permettent de communiquer avec les autres, de commenter les événements du village, d'attendre un emploi journalier, de parler des femmes, et de définir, comme cet ouvrier agricole de Sanlucar la Mayor, les degrés d'intégration communautaire et les conditions de la mort sociale : « Tous les hommes devraient aimer le vin et les femmes, tous. Celui qui ne les aimerait pas, qu'il meure, qu'il meure, pourquoi voudrait-il venir au monde, il vaut mieux qu'il meure. »

Mais on sait que les relations « vinaires » dépassent le cadre social et qu'elles concernent aussi la divinité. Elles ne se limitent pourtant pas alors à la seule communication verticale ou aux effets psychotropes d'une boisson sacralisée qui élèverait l'esprit vers l'au-delà, et extirperait l'individu de la gangue de son quotidien ; elles traduisent surtout le besoin de transformer le vin en vecteur religieux. C'est en tout cas ce message que transmet une grandiose tapisserie flamande conservée à la cathédrale de Zamora en Espagne et sur laquelle on voit le Christ en train de fouler le raisin tandis que de son cœur blessé jaillit le précieux liquide dont les dignitaires de l'Église vont s'emparer. La religion peut-elle illustrer de façon plus explicite sa volonté d'affirmer son contrôle aussi bien sur la production que sur la consommation du vin ? Le « sang de l'Alliance », le fruit du travail des hommes, est l'œuvre de Dieu, et il rappelle l'ambiguïté terrible du produit fermenté.

La société se doit de circonscrire les boissons porteuses de désordre potentiel dans un cadre strictement collectif qui, seul, permettra de juger du respect individuel envers les normes établies. C'est ainsi que les Aztèques s'obligeaient à limiter leur consommation quotidienne de *pulque* « alimentaire » à quatre coupes[1] ; le chiffre cinq symbolisant l'incertitude en même temps que l'excellence, ils ne pouvaient admettre le dépassement démesuré de la norme qu'au sein d'un rituel exceptionnel le plus souvent réservé aux élites. Cette forme d'obligation à l'ivresse correspondrait donc à une mise à l'épreuve sociale doublée d'une catharsis. Songeons par exemple aux libations nocturnes de saké dans le contexte industriel japonais. En même temps qu'elles répondent à la quête purificatrice d'un plaisir strictement codifié, elles possèdent une fonction sociale très particulière dans la mesure où elles conduisent à l'expression de sentiments personnels habituellement contenus, libérant ainsi des tensions inhérentes aux relations de travail : l'employé ivre peut fort bien dire ses quatre vérités au supérieur dont il partage la table, si le lendemain, dessoûlé, il réintègre sans rechigner la structure rigide dans laquelle il évolue habituellement. En quelque sorte, la boisson permet à la culture de se ménager des retours salutaires, indispensables, dans l'univers de la transgression, avec ses besoins et ses pulsions primaires.

Révélateur, voire authentique « lubrifiant » des rapports sociaux, la boisson pose le problème de l'échange entre l'individuel et le collectif. C'est pour cela que de nombreuses sociétés ont choisi d'élever le savoir-boire au rang des marqueurs culturels essentiels, au point de pouvoir considérer que l'ivrogne ne serait en fait rien d'autre qu'un buveur d'eau (repli sur soi-même) qui aurait mal tourné. Certains liquides ont dès lors joué un rôle prépondérant dans l'évolution des rapports entre les diverses cultures.

Le sens du chocolat

Pivots symboliques des édifications idéologiques, témoins de la réalité des mœurs et de l'économie, alibis paradoxaux de l'État,

1. Cette circonstance permet de montrer à quel point les effets physiologiques de l'alcool dépendent parfois moins des capacités physiques de chaque individu que de l'idée que s'en fait une société.

les boissons ont souvent été chargées de fortes valeurs identitaires et elles n'ont pas manqué de participer aux confrontations culturelles qui ont émaillé l'histoire de l'humanité. Trois exemples tirés de situations historiques contrastées suffiront à étayer ces propos.

Dès que les Espagnols atteignirent les zones semi-désertiques du plateau central mexicain, ils découvrirent les champs d'agaves producteurs de *pulque*. Ils ne détestèrent point cette boisson faiblement alcoolisée et difficilement transportable, et comprirent que le développement de son marché dans une société déstructurée qui en avait jadis sévèrement contrôlé l'usage leur permettrait de profiter au mieux d'un environnement difficile tout en exploitant des Indiens poussés vers l'ivresse par diverses raisons. Aussi sagement (?) quotidienne que joyeusement sacrée jusqu'alors, la boisson, officiellement confinée dans la communauté indienne, devint un produit rentable aux yeux des civils de la colonie. L'Église consacra pour sa part beaucoup d'énergie à la combattre, car elle perçut vite en elle un des symboles évidents du diable. La Couronne enfin fit preuve d'un laxisme persistant dans l'application des lois rigoureuses qu'elle avait elle-même édictées à l'encontre d'une substance qu'elle jugea bientôt assez bonne pour être l'objet d'une taxation.

Il est piquant de constater que les Aztèques et les Espagnols, conquérants successifs du Mexique central, utilisèrent la même boisson fermentée, indigène par définition, dans un but d'expansion culturelle : les prêtres indiens l'avaient transformée en complexe divin (les « Quatre Cents Lapins[2] »), les moines européens l'avaient parée de la sinistre figure de l'ange déchu ; le *tlatoani* nahua recourait à cette sacralisation pour imprimer la marque de l'idéologie dominante et délimiter les contours de l'ordre social ; le vice-roi espagnol donnait l'impression d'accéder aux désirs primaires de ses sujets vaincus, dans le cadre d'une économie et d'un ordre nouveaux. Quant à la confrontation entre le « vin de la terre » et le vin d'Espagne (importé, réservé à l'élite), elle participait évidemment de la mise en opposition systématique des deux systèmes culturels, deux formes de pouvoir, deux conceptions religieu-

2. Ces *Centzon Totochtin* étaient soit des petites divinités locales de l'ivresse récupérées dans le panthéon aztèque, soit des dieux du *pulque* lui-même. L'importance de ceux-ci est attestée par le fait qu'ils occupaient une place non négligeable dans le calendrier rituel, élément essentiel de la vie spirituelle et matérielle des anciens Mexicains. Le lapin, qui représentait symboliquement le Sud, était l'un des quatre signes porteurs d'année.

ses de l'univers. Elle contribuait aussi à reproduire l'image de structures sociales convergentes puisqu'elle semblait maintenir la consommation d'une « boisson d'Indiens » dans les milieux les plus populaires, ceux qui en avaient autant besoin pour leur alimentation quotidienne que pour en tirer quelque plaisir fugace.

Tout autre fut le cas du chocolat mexicain, qui connut un grand succès lors de son transfert vers l'Europe, alors même qu'il avait jadis bénéficié d'une forme de sacralisation authentique de la part des Aztèques. Simplement, la sacralité ne naissait pas ici de la nécessité sociale de contrôler l'abondance et l'excès, mais au contraire de la mise en valeur de la rareté. Les Européens expatriés n'hésitèrent donc pas à s'approprier un produit qui continuerait de rester inaccessible au plus grand nombre. Ils avaient retenu que les anciens Mexicains utilisaient les amandes de cacao comme moyen de paiement, que celles-ci entraient dans la composition du tribut des cités soumises et qu'elles faisaient l'objet d'un prestigieux commerce à longue distance depuis la région du Soconusco ; ils avaient oublié que la boisson chocolatée, fréquemment objet de dépenses somptuaires, trouvait une place de choix dans certains rites, comme lorsqu'il s'agissait de nettoyer cérémonieusement les traces de sang humain séché maculant encore le fil des couteaux d'obsidienne sacrificiels.

Il fut facile aux Européens d'imposer leur marque technique dans le processus de transformation du cacao, de passer des chocolats parfumés au piment rouge à une boisson sucrée mélangée à l'eau et au lait (inconnu avant eux). Et, au sein des divers ordres sociaux, toutes les élites souhaitèrent profiter de la manne. Il n'était pas jusqu'aux nombreux monastères qui ne souhaitaient réserver aux seuls abbés et à leurs visiteurs les maigres quantités attribuées par l'État. C'était aux yeux des simples moines une disposition léonine, parfaitement contraire à la règle, et ils menacèrent, s'emportèrent, et finirent par obtenir l'égalité devant le chocolat. Quant aux dames de bien, s'il faut en croire les propos scandalisés de l'anglican Thomas Cage, elles prirent l'habitude, au cours du XVIe siècle, de se faire servir dans l'église un chocolat chaud qui était censé leur permettre de supporter plus stoïquement les interminables offices du temps.

Comme pour de nombreux produits, on attribue généralement aux religieux l'introduction du chocolat en Espagne (1520), puis sa diffusion dans les pays voisins[3]. Il fallait que ce breuvage exotique fût d'un attrait extraordinaire pour que les religieux, les « dames » et les élites l'acceptent sans faire trop de cas de certaines querelles théologiques. À l'instar d'autres produits d'outre-mer, le chocolat fut pourtant soupçonné d'appartenir à la catégorie des aphrodisiaques, voire des euphorisants. On débattit pour savoir si l'on pouvait en consommer en période de maigre alors qu'on lui reconnaissait des vertus reconstituantes. Or, contrairement au *pulque*, le chocolat, facilement transportable, n'avait jamais été tenu pour une « boisson d'Indiens ». En s'insérant aisément dans la sphère culturelle des élites civiles et religieuses, ainsi que dans leur système de communication, il témoignait en fait du succès de la couronne espagnole et du Dieu des chrétiens dans leur entreprise de conquête matérielle et spirituelle, la réussite d'un métissage positif et enrichissant né d'une confrontation initiale indispensable.

Une boisson subversive

Pour traiter de l'effet des boissons sur l'évolution des rapports entre deux principes culturels, le café mériterait à lui seul de vastes développements. Dans le cas de l'Islam par exemple, le parcours du café depuis l'Abyssinie vers le Yémen (fin du XIVᵉ siècle) et Constantinople (début du XVIᵉ siècle) eut des conséquences surprenantes qui provoquèrent des réactions contrastées de la part des religieux et des sultans.

Les Ulémas commencèrent par lancer des *fatwa* contre cette drogue non coranique, cette boisson diabolique tirée d'un grain noirci au feu avant d'être broyé. Les sultans, eux, la légalisèrent. Le temps passant, les cercles soufis se rendirent compte que le célèbre *qawah*, malgré une étymologie très ancienne qui impliquait une filiation avec le vin rouge, maintenait les fidèles en état de veille et développait leur activité spirituelle lors des dévotions à la mosquée. Les religieux admirent donc son usage au moment même où les sultans s'efforçaient à leur tour d'interdire toute consommation publique de café.

3. Pour la France, la version officielle fait de l'arrivée du chocolat un cadeau de la cour d'Espagne au roi Louis XIII à l'occasion de son mariage avec l'infante Anne d'Autriche, fille de Philippe III.

En effet, le succès rencontré par ce dernier avait provoqué des changements profonds dans la structure des relations sociales. Auparavant, la consommation des boissons ne dépassait guère les limites de la maison : on buvait des eaux de fruits préparées par les femmes, on ne s'interdisait pas vraiment un vin n'ayant pas dépassé trois jours de fermentation, on brassait des bières à la campagne. L'importance des boissons médiévales était telle que tous les livres de cuisine en langue arabe consacraient un grand chapitre à leur fabrication. La diffusion du café entraîne la disparition presque totale de ces breuvages, surtout lorsque le tabac vient prendre part à la fête. Voici que les hommes se mettent à préparer le café, chez eux, puis dans la rue et que le premier « café » ouvre ses portes à Constantinople en 1554. L'homme se libère de sa famille, il prend possession de la rue qui devient plus dangereuse aux yeux des femmes, il commence à rencontrer dans un lieu public d'autres hommes appartenant à d'autres milieux sociaux. La boisson donnant désormais la possibilité de discuter longuement sans s'enivrer, des échanges d'idées s'ensuivent qui deviennent les ferments de mouvements populaires. Pour la première fois, émerge une intelligentsia non cléricale, soucieuse d'ouvrir l'esprit à de nouvelles conceptions de la société. L'État, y voyant une menace, veut, comme en 1630 en Turquie, faire fermer ces lieux de plaisir et de sédition. Il va même jusqu'à faire exécuter quelques tenanciers, lesquels deviennent bientôt des martyrs. Alors que les autorités avaient souhaité qu'il se contente d'être un substitut aimable et commode du vin, le café affichait un caractère subversif inattendu, et rendait plausible l'idée de l'égalité. N'était-il pas, déjà, un présage brumeux de la situation révolutionnaire du XVIIIe siècle français ?

Curieuses boissons. Leur marginalité apparente dans les systèmes alimentaires expliquerait-elle à elle seule l'incroyable charge symbolique qui souvent s'y attache ? Elles nourrissent, elles échauffent, elles passent par le sang, elles deviennent parfois sang ellesmêmes. Elles contribuent plus que tout autre aliment à irriguer le corps de la société. Rappelons-nous, il y a quelques années encore, comment une famille aidait à la socialisation progressive de sa progéniture à l'occasion du repas quotidien. Elle ne servait d'abord que de l'eau à l'enfant en bas âge, encore trop attaché à l'état de nature. Puis, le vin venait teinter l'eau, chaque année un peu plus, jusqu'à ce que le vin pur devienne l'indice de la maturité, indiquant par là même que le rejeton pouvait alors quitter le cercle familial et se consacrer à la société qui était désormais la sienne. Celle des autres, celle qu'un fils allait être amené à défendre, dans le cadre de l'armée, après avoir subi le rite de la « cuite mémorable ».

Depuis le lait jusqu'au petit quinquina, les boissons marquent à merveille les étapes successives de la vie de l'individu. Et comme elles facilitent aussi la communication entre les hommes, il en est quelques-unes, les mieux attachées à leur environnement bien sûr, qui deviennent des éléments symboliques de la culture qu'une société s'est forgée. Voici la vie qui naît de la mort, voici le passage de la nature à la culture, voici la joie, la tristesse, les moments qui appellent les rites. La fête surtout. Champagne pour tout le monde !

Dominique Fournier

Éloge du pain

Aïda Kanafani-Zahar

Don et bénédiction, le pain transforme tout. Dans les villages libanais, il continue, toutes religions confondues, d'assurer le lien entre la collectivité, le savoir et le sacré.

C'est en travaillant sur les techniques traditionnelles de conservation alimentaire au Liban que j'ai eu à me pencher sur le pain. D'abord commencée dans le village chiite de Younine (*caza* de Baalbek, la Bekaa) et dans le village druze de Baaqline (*caza* du Shouf, mont Liban) entre 1980 et 1987, ma recherche s'est poursuivie durant l'été 1993 dans le village maronite de Hsarat (*caza* de Jbaïl, mont Liban). Quelles que soient la communauté et la confession, on fabrique le pain en ayant recours aux mêmes savoirs, en utilisant le même matériel. Le pain a pour les villageois la même importance.

« Son odeur, sa vue, son goût nous enchantent. Il est la base de notre alimentation. On ne peut se passer du pain. Sans lui, les plats cuisinés ne suffiraient pas à nous rassasier. La maison est vide si le réceptacle de pain n'est pas plein. Le pain transforme tout, le grain d'olive comme la viande, en nourriture. » Cet éloge du pain par une paysanne résume l'importance culinaire, psychologique et nutritionnelle du pain dans l'alimentation rurale au Liban. En sa présence, la famille est en sécurité, rassasiée, protégée. Celui qui a faim pense avant tout au pain : « Ils ont dit à celui qui a faim : deux plus deux ? Il a dit : quatre pains. » Tout le monde est sensible à la vue et à l'odeur du pain chaud. Pour exprimer l'ingratitude, on dit : « Il mange ton pain et marche sur ton pied. »

Aliment de base, le pain est investi d'une valeur sacrée. On lui doit un respect particulier. Il ne faut jamais le jeter. Tout morceau de pain trouvé par terre est ramassé, embrassé et mis de côté. Il est, de plus, considéré comme un aliment supérieurement nutritif. Ainsi, selon un dicton : « Quiconque mange du pain n'est pas malade. » Son odeur, sa texture et son goût sont des critères essentiels pour évaluer sa qualité. Lors du repas, les convives s'assoient par terre autour d'un plateau rond ou d'une nappe sur lesquels on a placé les plats. La femme distribue les pains pliés en quatre pour faciliter leur manipulation. Le pain est rompu pour faire une bouchée. On n'emploie jamais le couteau pour sectionner un pain. Seule la main « généreuse » est utilisée. On plie chaque morceau deux à trois fois afin de l'épaissir et de le rendre suffisamment rigide pour servir d'ustensile. Le pain sert à soulever la nourriture et à la placer dans la bouche. On s'essuie aussi la bouche avec un morceau de pain au fur et à mesure du repas. Il joue donc à la fois le rôle de cuiller et de serviette. Le pain est consommé trois fois par jour, au cours des trois repas principaux : au petit déjeuner *(tirwi'a)*, au déjeuner *(ghada)*, et au dîner *('asha)*. Il est aussi utilisé pour confectionner des sandwichs consommés en collation entre les repas.

Le pain de montagne se présente sous la forme d'une crêpe de 50 à 65 centimètres de diamètre et de 0,5 à 2 millimètres d'épaisseur[1]. Il existe aussi un pain fabriqué en ville dans des fours à sole de boulangers *(forn, afran)*. Ce pain, appelé *khobz 'arabi*, est formé de deux couches fines d'un diamètre d'environ 25 centimètres, et d'une épaisseur d'environ 2 millimètres chacune. Le *khobz 'arabi* acheté en ville est également consommé dans les villages pour varier la table, mais le *khobz saj* ou *khobz tannour* reste le plus apprécié.

Le pain est appelé *khobz tannour* ou *khobz saj* par référence au four de terre *(tannour)* ou de tôle *(saj)* servant à cuire la pâte. Il peut aussi être appelé *khobz kara* par référence au coussin *(kara)* sur lequel la pâte est étendue et qui sert aussi à la coller sur les parois du *saj* ou du *tannour*.

Les étapes de la fabrication du pain sont le pétrissage *(ajin)*, le façonnage des pâtons *(ti'ris)*, et la fermentation *(tikhmir)*.

1. Le terme de crêpe est ici utilisé avec précaution car, contrairement à celle du pain libanais, la pâte de la crêpe est liquide et sans cohésion. Par ailleurs, la composition de la pâte est différente.

Les gardiennes du pain

Le pain pour la consommation familiale est fabriqué exclusivement par les femmes. Contrairement à plusieurs régions de l'Afrique du Nord, sa confection n'a pas lieu chaque jour, mais chaque semaine ou toutes les deux semaines. Une famille de huit personnes consomme 10 *artal*[2] de pain en dix jours, soit un *ratal* par jour. Un *ratal* fait environ vingt-cinq pains. La consommation moyenne est donc d'environ trois pains par personne et par jour, soit un pain par repas. S'il est vrai que l'on aime le pain chaud juste sorti du four, un *khobz* de plusieurs jours est jugé aussi bon, s'il a bien été protégé.

Pour bien les conserver et éviter qu'ils ne moisissent, on refroidit les pains avant de les stocker. Pour cela, on les étend immédiatement après la cuisson pendant une quinzaine de minutes. Si, par manque d'espace, ils ne peuvent être étendus, les femmes les empilent à nouveau face dessus dessous pour les aérer et les empêcher de coller l'un à l'autre. Le temps de refroidissement est plus ou moins long selon le degré de cuisson des pains. Pour qu'ils ne se dessèchent pas trop pendant cette période, les pains sont posés d'une façon spéciale : le centre du pain, fin et sec, est placé sur le bord, épais et humide. Ils sont étendus l'un sur la moitié de l'autre pour que le bord de l'un humidifie le centre de l'autre. Les pains sont ensuite rangés dans le pétrin au fond duquel les femmes ont étalé une toile de coton ou de nylon. Le pain est recouvert par les extrémités de la toile, puis par un plateau et, enfin, par la *kara*. Ils durcissent au bout de quelques jours et, pour les assouplir, on les asperge d'eau.

Le pain est donc cuit sur le *saj* ou sur le *tannour*. Le bois est le combustible principal. Sa collecte se fait une à deux fois par an. Tous les membres de la famille participent au ramassage et au transport. Le fagot est transporté à dos d'homme ou de femme, plus rarement à dos d'âne ou en camion.

Comme nous l'avons indiqué, ce sont les femmes qui confectionnent le pain domestique. L'ensemble de la chaîne de fabrication relève de leur responsabilité exclusive. Cette tâche fait partie de la responsabilité globale qu'assument les femmes dans le domaine

2. Le *ratal* (au singulier) vaut environ 2,5 kilos.

de la préparation et de la gestion alimentaires. Dans une étude sur la conservation alimentaire (la *mune*), j'ai déjà analysé leur rôle dans la survie du groupe rural. Ce rôle est central car les femmes produisent, conservent et stockent une grande variété d'aliments. Elles décident en outre des quantités à conserver et du rythme d'utilisation de la *mune*. Après avoir transformé les aliments, elles les stockent dans la chambre des provisions *(khzeni)*, dans des silos qu'elles construisent elles-mêmes ou dans des jarres. La *khzeni*, située à l'intérieur même de la maison, est une unité spécialement conçue pour le stockage. Placée sous la surveillance directe de la maîtresse de maison, elle n'a ni porte ni clé.

Le stockage intérieur a des implications sur le rôle nourricier des femmes et sur leur pouvoir au sein de la cellule familiale, car elles ont libre accès aux ressources domestiques et en sont les gardiennes. Elles contrôlent et gèrent les réserves en les utilisant en fonction des besoins de la famille et des contraintes saisonnières. Elles fixent le régime de consommation des provisions, celles destinées à la consommation quotidienne, celles mises de côté pour les jours de fête et pour l'hospitalité. Leur rôle dans la gestion alimentaire provient peut-être de leur participation à la production des ressources familiales. Les femmes participent en effet avec les hommes aux travaux des champs. Le vannage, l'étuvage et la mouture des grains, ainsi que la construction de la maison, sont le fruit de la collaboration entre hommes et femmes. Ces dernières gèrent sur un pied d'égalité avec le chef de famille les ressources familiales. Les hommes eux-mêmes les considèrent comme un soutien fondamental de la famille car, comme me l'a dit l'un d'eux, « une femme contribue de la même manière qu'un homme au *risk* (la richesse productive, terre et animaux, patrimoine) de la famille ».

Tout un savoir-faire

Revenons maintenant à l'analyse de leur apport dans cette activité spécifique qu'est la confection du pain. À part la fabrication du pain lui-même, les femmes sont responsables de la construction et de la réparation des fours et des foyers, ainsi que de l'obtention du bois et de la fabrication des galettes de bouse. La transformation des céréales en farine est par ailleurs une activité essentiellement féminine. Elles sont responsables de la mouture des provisions céréalières de la famille ; elles amènent les grains au moulin et ramassent le grain moulu[3].

Dans les trois villages où j'ai travaillé, toutes religions confondues, on doit au pain un respect particulier. Il est appelé *ni'mit Allah* (abondance de Dieu), constitue un aliment béni et ne doit en aucun cas être humilié. Toutes les opérations liées à sa confection sont ponctuées par *bismillah* (au nom de Dieu) dans les villages musulmans et *bismissalib* (au nom de la Croix) dans les villages chrétiens. Avant de manger du pain, on dit : « Dieu, fais de cette bouchée une abondance continue. » Investi des deux qualités de don et de bénédiction, le pain est l'objet d'une déférence particulière.

Les dimensions sociosymboliques du pain sont nombreuses. Le but recherché n'est pas seulement de réussir un bon pain. L'ensemble des qualités requises pour y parvenir ressortit à un ordre symbolique particulier. La performance technique est mise au service d'un pain sans faute, sans faille, d'un pain parfait, digne d'être offert sur les « autels de Dieu ». Seul un pain parfait mérite la bénédiction, car lui seul est à l'image du transcendant. La coopération entre les femmes, les savoir-faire, leur mode de transmission, obéissent à un code rigoureux reflétant les valeurs attachées au pain. Les trois opérations les plus sensibles de la confection - le pétrissage, l'agrandissement sur les bras et la cuisson au *tannour* - ne sont pas accomplies par toutes les femmes. Seules les plus expérimentées et les plus agiles les effectuent. Ainsi, le pétrissage est une opération à forte charge symbolique. De lui dépend le produit fini. Il n'est accompli que lorsque le savoir et la technique s'y rattachant ont été suffisamment maîtrisés.

Investi d'une valeur sacrée, le pain est le centre d'un réseau d'échanges entre les femmes. Elles travaillent à plusieurs pour le pétrissage et la cuisson, se demandent conseil et échangent des points de vue sur leurs savoir-faire, se prêtent les fours, les plaques de cuisson, les ustensiles et le combustible. Le pain est sujet à des échanges quand

3. Si la responsabilité de la mouture revient à la femme, l'homme contribue, de façon limitée, à cette activité. À la différence des autres activités alimentaires, la mouture est un moment rassemblant les hommes et les femmes. Ils se groupent autour des meules pour se donner un coup de main, bavarder et se détendre autour d'une tasse de thé ou de café. Ils partagent parfois un repas préparé par une cliente. Le moulin est donc un des rares lieux publics où femmes et hommes se retrouvent, conversent et coopèrent. (Kanafani-Zahar, 1990.)

il vient à manquer. Il n'est jamais rendu mais fait partie de cette « dette » globale que chaque villageois a vis-à-vis des autres pour divers services rendus. On ne refuse jamais un service se rapportant au pain. Ce serait se rendre coupable d'un péché.

Le symbole des symboles

Afin de rendre grâce à Dieu pour le pain qu'il donne, les femmes accordent le plus grand soin à sa fabrication. Certaines conditions doivent être observées pour préparer le pain, dont la plus importante est liée à la menstruation. Certaines femmes croient qu'elles doivent pendant cette période s'abstenir de préparer la pâte et de la toucher, de peur de transmettre la souillure de leur corps au pain. D'autres ne croient pas à cette contagion. Elles affirment que l'impureté est locale et que l'on peut y remédier en se lavant fréquemment. Le rituel de fabrication du pain impose par conséquent que la femme se lave et qu'elle mette des habits propres afin que les opérations se réalisent dans la pureté. Cette dernière suppose aussi l'humilité, la pudeur des femmes pour la pâte et le pain, aliment béni.

La pâte est sans doute un symbole de fécondité et de fertilité. Elle est aussi un symbole de stabilité conjugale. Ainsi, avant de rentrer dans sa nouvelle maison, la mariée doit lancer un pâton assez fort pour qu'il colle sur la porte d'entrée. Si la pâte tombe après qu'elle est entrée, c'est un mauvais augure.

Les villageois ne peuvent « vivre sans lui », puisqu'il est à la base de leur subsistance. Une femme nous affirma qu'elle ne laissait jamais le pétrin se vider, et qu'elle faisait du pain dès qu'il ne restait qu'une dizaine de pains au fond du réceptacle. Dans les communautés chrétiennes, le pain a une dimension supplémentaire. Selon cette même femme, « la cène, c'est la parole, le pain, mais aussi la rencontre autour du pain, autour du corps. Les chrétiens sont comme les épis de blé, éparpillés, puis rassemblés pour faire le pain. Ils sont appelés à se rassembler pour pouvoir faire le corps vivant du Christ. La cène est un appel à la solidarité, à la fraternité. Pour faire le pain, les hommes ont besoin de coopérer. Tout le monde participe à la confection du pain qui, finalement, entre dans la vie de chacun. La messe n'est qu'un appel à se réunir pour la fraction du pain en commémoration de la Cène ».

Le pain domestique constitue donc un aliment identitaire de base. Femmes maronites, druzes, chiites accomplissent les mêmes gestes, utilisent les mêmes techniques et le même savoir pour perpétuer sa tradition ancestrale. Le symbolisme et l'esthétique alimentaires s'y rattachant sont identiques, toutes confessions confondues.

Cette signification sacrée et ce symbolisme identitaire ont revêtu une importance particulière en période de conflit. Dans les villages mixtes, les femmes ayant le même rapport au pain, à l'attention particulière que sa préparation nécessite, continuaient de s'entraider comme elles l'avaient toujours fait, dépassant ainsi les clivages imposés par la guerre.

Dans les villages mixtes, on voit les femmes druzes et maronites penchées devant un même pétrin, côte à côte autour du *saj* ou du *tannour*, voile sur la tête pour protéger le pain de la souillure des cheveux. Elles se prêtent, comme nous l'avons vu, les ustensiles, les plaques, les fours et le combustible, mais aussi le levain qui renouvelle sans cesse les ferments nécessaires à la pâte pour la faire lever. Le prêt du levain est hautement symbolique car il contient le souffle sacré qui sera communiqué à la pâte. Ainsi, dans les communautés chrétiennes, un morceau de pâte est posé sur un arbre la nuit de l'Épiphanie, appelée « fruit de l'éternel » *(Jaylit il dayim)*. Le passage du Christ bénit tout ce qui est dehors, arbres, animaux, etc. Le morceau de pâte imprégné de sacré constituera le levain, qui à son tour imprègnera toutes les pâtes pendant un an.

Dans un Liban en changement, où les valeurs, les représentations et les symboles de la ville pénètrent le village, où les produits de fabrication industrielle sont de plus en plus commercialisés, le rôle du pain se trouve compromis. Le pain de ville est désormais distribué dans les grands villages. Vendu par paquets d'un kilo dans des sacs en plastique, il se conserve plusieurs jours.

S'il est vrai que le pain domestique est de moins en moins courant, les femmes qui continuent à le confectionner s'évertuent à sauvegarder son caractère vital en perpétuant les gestes qui en font avant tout un symbole sacré et social. Car il est le résultat d'un travail collectif, d'un savoir-faire et d'un savoir-vivre ancestraux qui dépassent la sphère familiale pour animer le village.

Aïda Kanafani-Zahar

À table

Claudine Marenco

Les traditions se perdent, dit-on souvent. Moins toutefois qu'on ne le croit. Les manières de table et l'étiquette conservent en France une remarquable continuité.

Le système de table français est-il en voie de dissolution, sous l'influence conjuguée des changements intervenus dans les conditions de vie et de l'évolution des mentalités ? La notion même de « manière de table » a-t-elle encore un sens aujourd'hui, si l'on entend par là un ensemble structuré de représentations, pratiques et normes, concernant tout à la fois le style culinaire, le décor de la table, l'ordonnancement du repas et son rôle dans les rites de sociabilité et le fonctionnement familial, mais aussi les façons de se conduire face aux nourritures et à l'égard des convives ? Peut-on encore, en la matière, parler de « manières » françaises, ou bourgeoises, populaires ou paysannes ? Subsiste-t-il des modèles différenciant les usages d'une région à l'autre ?

À en croire le discours dominant, largement relayé par les médias, ces manières de table, naguère composante d'une culture partagée, auraient fait place à des pratiques individualisées, dictées par les circonstances, les désirs et les goûts, libérées de toutes normes et conventions. En d'autres termes, l'humble sphère domestique ne serait pas épargnée par les processus à l'œuvre dans l'ensemble de la société : homogénéisation et diversification à l'infini des pratiques transversalement aux strates sociales et aux cultures qui les imprimaient jusque-là, instauration en valeurs dominantes de l'individualisme et de l'hédonisme, et perte corrélative d'influence des normes socialement acceptées.

Mutations

De fait, nombre de changements sont intervenus depuis vingt à trente ans dans les conditions de vie des ménages, de nature à ébranler fortement le système de table traditionnel, en raison des fissures qu'ils introduisent dans les cadres matériels, sociaux, idéologiques qui ont produit ce système et lui ont donné sens. Parmi ces changements, devraient jouer un rôle décisif l'extension du travail féminin, l'allongement spatial et temporel des trajets domicile-travail rendant difficile au plus grand nombre de rentrer déjeuner à la maison, l'instauration de nouveaux rapports au sein du couple et entre parents et enfants susceptibles de modifier la répartition des rôles entre les membres du groupe domestique, la part croissante qu'occupent dans la population les « ménages » échappant au modèle traditionnel : personnes seules, couples sans enfants, familles monoparentales, cohabitants temporaires...

Mais il est d'autres changements qui concernent plus directement le champ de l'alimentation. Et tout d'abord ceux qui ont affecté l'équipement ménager. On pense spontanément aux congélateurs et fours à micro-ondes, parce qu'ils représentent à cet égard les progrès les plus récents, en oubliant que, dans les années 60, les foyers n'étaient pas encore tous équipés de réfrigérateurs et que la cuisson au gaz n'a remplacé le bois et le charbon que dans les années 30, et encore, dans les villes seulement. Les transformations qu'a connues la sphère de la production et de la distribution agroalimentaire ne sont pas moins importantes. Elles concernent tout à la fois les produits, les modes de restauration disponibles, l'appareil commercial, et contribuent à une appropriation massive et accélérée par la sphère marchande de pratiques traditionnellement inscrites dans l'univers domestique : standardisation, diversification, transformation des produits en vue de réduire le temps domestique de préparation et d'allonger les délais de conservation, multiplication et diversification des lieux de restauration rapide, contribuant à diffuser de nouveaux modes d'alimentation et de nouveaux styles culinaires, développement des grandes surfaces autorisant (imposant) de nouvelles stratégies d'achats (courses regroupées dans l'espace et le temps au lieu d'achats quotidiens dispersés) qui dégagent du temps, assurent des provisions, favorisent aussi bien planification qu'improvisation des menus.

Il est un autre facteur, susceptible de peser fortement sur les façons de se nourrir, de concevoir la table : l'irruption d'un discours *écologico-diététique*, parfois teinté de tiers-mondisme, prenant appui sur une sensibilisation croissante aux problèmes d'environnement, sur l'émergence de nouveaux rapports au corps, sur les progrès de la connaissance en matière de nutrition et d'épidémiologie. Les injonctions diététiques que véhicule ce discours, articulées aux notions de simplicité, de légèreté, de naturel, n'ont rien de révolutionnaire. Mais l'évolution des mentalités, la médiatisation dont elles font l'objet, les relais dont elles bénéficient, du moins dans les fractions modernistes des couches moyennes et supérieures, assurent à ces messages une audience et une diffusion sans précédent : ils ont contribué à l'émergence d'une nouvelle esthétique de la table, qui confère une valeur de distinction aux manières qui s'en inspirent, et entâche donc de vulgarité celles qui ressortissent à d'autres systèmes de normes, bourgeois aussi bien que populaires.

De fait, comparées aux usages naguère dominants dans les familles françaises, les pratiques alimentaires domestiques actuelles présentent de notables changements, accréditant la thèse d'une déstructuration du système de table français, avancée dès le début des années 80 par les professionnels du marketing. Pilier de ce système, le déjeuner ne réunit plus qu'exceptionnellement les membres de la famille et, dans nombre de foyers, pas seulement dans les grandes agglomérations urbaines, le dîner ne rassemble pas davantage l'ensemble de la maisonnée : c'est le cas dans un foyer sur deux, notamment lorsqu'un des parents, voire les deux, travaillent en horaires décalés ou lorsque le mari, employé loin de son domicile ou exerçant une activité non sédentaire, ne rentre qu'en fin de semaine. Le petit déjeuner s'est désocialisé. Il est une activité à laquelle se livrent successivement, hâtivement, sommairement, les uns et les autres, dans la séquence de toutes celles qui doivent être effectuées avant de quitter la maison : il n'a plus statut de repas familial et, de ce fait, résiste à l'imposition des nouvelles normes se réclamant à la fois de la diététique et du modèle anglo-saxon, qui le veulent d'autant plus substantiel que le déjeuner tend à perdre son caractère de repas principal. Les menus apparaissent peu diversifiés, ordonnés le plus souvent autour d'un plat unique (viande grillée ou jambon accompagnés de pâtes ou de pommes de terre, plus rarement de légumes verts), exigeant peu de temps de préparation. On utilise de plus en plus de produits prêts à être accommodés (épluchés, débités en portions). Dans tous les milieux, le vite-fait l'emporte sur le « cuisiné ». Le recours aux plats préparés connaît un fort développement, encore que d'inégale importance selon les catégories sociales : dans les couches populaires, les femmes ne se sont pas départies de l'idée que les nourritures toutes prêtes sont forcément suspectes, et laissent pressentir de la désinvolture chez celles qui en font un usage répété. Ce n'est que dans les couches moyennes et supérieures que les femmes s'autorisent à y voir une commodité, non dépourvue d'intérêt gastronomique.

Bourgeois et ouvriers

Les façons de faire en matière de table apparaissent donc bien différentes de ce qu'elles étaient, à la fois déstructurées au regard du système de table traditionnel, assujetties aux contraintes spatio-temporelles, largement uniformisées sans que s'effacent toutefois totalement les marquages de classe - même si, pour certaines d'entre elles, une mise en perspective historique conduit à relativiser le changement. Ainsi, s'agissant du nombre et de l'importance relative des repas. Ce que nous sommes accoutumés à considérer comme un trait caractéristique des manières françaises, l'organisation du système de table en trois repas, ne remonte pas au-delà du second Empire : des siècles durant, on a fait plus de trois repas par jour dans les milieux populaires, urbains et ruraux, mais un seul en revanche dans les couches supérieures de la société (hormis une collation prise individuellement au lever), le *dîner*, situé en milieu de journée. L'horaire en devenant de plus en plus tardif dès la fin du XVIIIe siècle, pour tenir compte des activités publiques (professionnelles ou politiques) auxquelles se livraient un nombre croissant d'hommes appartenant à ces couches, l'usage s'établit d'intercaler un autre repas en milieu de journée, qui prendra le nom de *déjeuner* sous le second Empire.

Quant à la simplification des menus, il s'agit d'une évolution engagée de longue date : l'ordinaire quotidien, dès le tournant du siècle, comporte une viande grillée, plus rarement en sauce, accompagnée de légumes ou de pâtes et suivie d'un fruit. Le répertoire culinaire était déjà relativement étroit : le vite-fait l'emportait sur le cuisiné, y compris dans les maisons bourgeoises dotées de cuisinières, au nom du bon sens et de l'ordre ; les plats élaborés, qui sont à nos yeux emblématiques de la « cuisine de ménage » (ragoûts, bœuf mode et autres fricandeaux), étaient réservés, avec le statut d'« entrées », aux dîners offerts aux invités (les *dîners priés*). Quant aux plats achetés tout préparés, on y recourt certes bien davantage qu'il y a trente ans... mais bien moins qu'on ne le faisait au siècle dernier dans les milieux ouvriers urbains. À cet égard, le changement tient à ce que la pratique concerne aujourd'hui davantage les couches moyennes et supérieures, et pas seulement pour des raisons économiques : les femmes de ces milieux sont moins culpabilisées que celles des couches populaires de s'en remettre, pour nourrir leur famille, à des plats qu'elles n'ont pas confectionnés elles-mêmes.

Force des modèles

Mais, au-delà des pratiques, et expliquant pour une bonne part l'inconséquence de certaines avec les conditions objectives censées les déterminer (ainsi, par exemple, le fait que les femmes qui travaillent cuisinent plutôt davantage que les autres, ou encore les acrobaties auxquelles se livrent nombre de mères actives pour éviter de mettre leurs enfants à la cantine), remarquable est la force d'imposition que conservent des normes et modèles supposés révolus ou en voie de dissolution, concernant le repas familial, mais aussi, bien au-delà, la famille, la répartition des rôles dans le ménage, renvoyant au modèle de mœurs forgé par la société bourgeoise du XIXe siècle. S'il recule en tant que pratique, en raison des obstacles qui s'opposent à sa mise en œuvre, le *repas familial* se maintient solidement comme modèle, avec tous les traits qui le caractérisaient au siècle dernier, lorsqu'il s'est vu assigner, par le modèle de mœurs bourgeois, la fonction de produire et de notifier vie et esprit de famille : rassemblement de l'ensemble du groupe domestique, à heures impérativement fixes, autour de plats préparés à la maison, dans une ambiance chaleureuse et confiante, où chacun reconstitue dans l'intimité du foyer, dont le repas familial représente la métaphore, ses forces éprouvées par le monde extérieur. Bien plus, ce repas modèle, dont on rêve et que l'on s'efforce de mettre en pratique chaque fois que possible, intègre une norme, abandonnée déjà à la veille de la guerre de 1914, et qui ne s'appliquait plus alors qu'aux dîners destinés à des invités, à savoir l'ordonnancement en trois services. Dans un univers où vacillent les certitudes et s'effondrent les repères les mieux assurés, le repas familial représente pour les femmes, tout particulièrement en milieu populaire, l'ultime rempart contre la désintégration de la famille. C'est à ce modèle que l'on se conforme pour les repas sortant de l'ordinaire : déjeuners dominicaux auxquels sont réservés « des plats qu'on ne mangerait pas en semaine », repas de fête rassemblant de grandes tablées familiales, où sont de règle l'abondance des mets, le redoublement des entrées et des desserts, et qui entretiennent des compétitions culinaires entre les femmes, en même temps que le sentiment d'appartenance à la parentèle.

Si, dans les couches moyennes et supérieures, les femmes ont pris de la distance par rapport au modèle du *repas familial*, si elles se sentent moins tenues de se conformer au rôle de mère nourricière au quotidien et de fée du foyer prescrit au XIXe siècle, les *dîners d'invités* qu'elles organisent pour des amis ou des « relations » n'échappent pas aux conventions, si assurées que soient les maîtresses de maison, de nos jours, d'être libérées, en la circonstance, des contraintes pesant sur leurs devancières, et d'exprimer librement leur sensibilité personnelle, aussi bien dans le choix des mets que dans le décor de la table, la façon de servir ou de se comporter avec leurs hôtes. Dîners donc, car dans les couches de la bourgeoisie, moderniste aussi bien que traditionnelle, on invite à dîner plutôt qu'à déjeuner - et dîners de plus en plus tardifs, au prétexte des contraintes professionnelles des uns et des autres, de la distance qu'ont à parcourir les invités pour se rendre chez leurs hôtes ; mais, aux siècles précédents, dans la bonne société, les couches supérieures oisives, on ne conviait qu'à dîner, et l'heure tardive était déjà un marqueur social. Ces dîners sont ordonnés en trois services : entrée, plat principal, dessert, à quoi s'ajoutent le plus souvent salade et fromage. On pratique de moins en moins la formule du plat unique, en faveur dans les années 60-70, où elle notifiait rupture avec les conventions bourgeoises. À cet égard, les femmes qui ont une activité professionnelle ne procèdent pas différemment des autres, et guère plus les jeunes au regard des plus âgées. Ni les contraintes ni les facilités de la vie moderne, non plus que la familiarisation avec les manières de table en usage dans d'autres pays, n'ont produit de nouveau modèle d'organisation du repas susceptible de se substituer au *dîner réglé* à la française. Tout au plus observe-t-on une réduction du nombre de mets par service, mais le processus aboutissant au schéma actuel, « un mets par service », était bien engagé à la fin du XIXe siècle.

La composition du menu respecte une hiérarchie sociale des mets, concourant à différencier sensiblement les dîners selon qu'ils sont intimes ou plus cérémonieux. Aux premiers sont réservés les entrées « au goût du jour », salades composées, tartes salées, terrines de poisson ou de légumes, alliant légèreté diététique supposée, mélange de saveurs inattendu, au plaisir visuel fourni par l'harmonie ou le contraste des couleurs. Les mets qui y figurent au titre de plat principal appartiennent souvent au registre de la cuisine traditionnelle, mijotée, que l'on peut donc préparer à l'avance. Glaces, salades de fruits, entremets et tartes figurent, au troisième service, des valeurs sûres, desserts sans surprise que l'on est assuré de se voir servir dans la plupart des dîners d'amis. Dès lors que le dîner est un peu plus cérémonieux, c'est un tout autre menu que compose la maîtresse de maison, plus « recherché », en ce sens qu'il comporte des ingrédients plus coûteux et des mets plus cuisinés. L'entrée de rigueur est un plat de poisson froid ou en sauce, une préparation en pâte de style « vol-au-vent », ou bien du saumon fumé, du foie gras, des coquillages. Plus question de plats en sauce mijotés pour le second service, mais une volaille (caille, canard, pintade, de préférence au poulet « qui s'est trop démocratisé », ou à la dinde que sa production industrielle a disqualifiée), un gigot, une longe de veau, un carré ou un baron d'agneau : viandes de qualité (que l'on achète pour la circonstance chez « son » boucher et non plus dans les rayons des grandes surfaces), morceaux identifiés et coûteux que l'on va même parfois jusqu'à apprêter selon des recettes empruntées à la haute cuisine du XIXe siècle. Le dessert lui-même change de style, il est plus délicat, acheté ou commandé chez le pâtissier. Tout autant que la composition du menu, le service obéit à des normes. Sauf dans les milieux les plus fortunés, il n'est plus assuré par un domestique : l'usage est que les plats soient apportés au fur et à mesure par la maîtresse de maison après qu'ont été changés assiettes et couverts, et qu'elle les fasse passer successivement aux convives. Deux usages qui ont durablement fait loi, du temps du service dit « à la française », sont aujourd'hui absolument proscrits des dîners, dès lors qu'ils sont un peu cérémonieux : laisser les convives se servir des plats disposés sur la table, les servir soi-même. La pratique considérée comme élégante, mais peu usitée car elle requiert du personnel, est le « service à l'assiette », permettant d'y disposer artistiquement les mets en cuisine.

S'agissant des contenances de table, on pourrait supposer, en cette fin de XXe siècle, que les codes pointilleux édictés par la société bourgeoise au siècle dernier pour asseoir sa légitimité au regard de l'aristocratie et fonder sa « culture de classe » sont désormais rangés au magasin des usages tombés en désuétude, révélateurs de mœurs d'un autre temps. En fait, les façons d'user des couverts, de se servir de certains mets et de les manger, continuent de faire l'objet de codes précis qui, pour différer parfois de ceux en usage au siècle dernier, et présenter un caractère moins ostentatoire, moins impérieux, n'en conservent pas moins leur fonction de distinction, de marqueurs de classe.

Il apparaît ainsi que la déstructuration des pratiques au quotidien, sous l'influence de l'évolution des conditions de vie et des mentalités, n'a pas produit un effacement des normes et conventions régissant la table, ni ne leur en a substitué de nouvelles. Elle n'a pas affaibli, mais, semblerait-il, plutôt renforcé, le pouvoir d'imposition de modèles constitués dans de tout autres contextes et configurations sociales : celui de *la table comme métaphore de la famille*, forgé par l'ordre bourgeois au siècle dernier, celui de *la table comme distinction*, qui a pris forme au XVIIe siècle, lorsque la mise en scène du repas - du décor de la table à l'ordonnancement des services, du choix des mets aux contenances - est devenue, à l'instigation de la société de cour, un terrain de compétition sociale où déployer des manières étroitement codifiées notifiant l'appartenance au cercle étroit des personnes de qualité.

Claudine Marenco

Bourgeois et paysans

John Berger

Les uns mangent ce qu'ils produisent, les autres ce qu'ils achètent. Et cela change tout...

Partout dans le monde, la distinction entre le bourgeois et le paysan renvoie au contraste brutal entre abondance et pénurie, si brutal que l'on peut le qualifier de guerre. Toutefois, ce n'est pas l'écart entre affamés et suralimentés qui nous intéresse ici mais ce qui distingue deux conceptions traditionnelles du sens de la nourriture, de la valeur du repas, et de l'acte même de manger.

La « société de consommation », dont on parle si souvent comme d'un phénomène relativement nouveau, n'est jamais que l'issue logique de processus économiques et technologiques qui se sont enclenchés il y a un siècle au moins. Le consumérisme est inhérent à la culture bourgeoise dès le XIXe siècle, et la consommation répond à un besoin à la fois économique et culturel. La nature de ce besoin apparaît plus clairement si l'on se penche sur la forme la plus simple et la plus directe de consommation, l'alimentation.

Comment le bourgeois aborde-t-il sa nourriture ? En isolant et en définissant son attitude dans ses aspects spécifiques, nous serons en mesure d'en reconnaître les manifestations plus diffuses.

La question peut se révéler complexe du fait des différences nationales et historiques. Le bourgeois français n'appréhende pas la nourriture comme son homologue anglais. Un maire allemand ne s'assied pas devant son dîner de la même façon qu'un maire grec. Un banquet chic est différent selon qu'il se tient à Rome ou à Copenhague. Enfin, beaucoup de façons de manger décrites par Trollope ou Balzac ont définitivement disparu. Il se dessine toutefois un schéma général si l'on commence à comparer le « manger bourgeois » avec ce dont, dans une même région, il se distingue le plus, à savoir le « manger paysan ». Les habitudes alimentaires de la classe ouvrière, elles, ont moins de traditions car elles sont beaucoup plus vulnérables aux fluctuations de l'économie.

Notons d'emblée que la conception bourgeoise est en soi porteuse d'une contradiction. D'un côté, en effet, les repas ont une importance symbolique qui scande la régularité de la vie du bourgeois, mais, de l'autre, ce dernier considère qu'il est frivole de parler de nourriture. Le présent article, par exemple, ne saurait être sérieux en raison de son seul propos, et si d'aventure il se prenait au sérieux, ce serait pour verser dans la prétention. Les livres de cuisine ont beau être des best-sellers et la plupart des magazines avoir leur rubrique gastronomique ou culinaire, le sujet « nourriture » est catalogué comme un simple ornement, qui plus est, du ressort des femmes. Le bourgeois ne considère pas l'action de manger comme fondamentale.

Voyons maintenant le rôle du repas principal. Pour le paysan, il s'agit généralement du déjeuner, alors que pour le bourgeois, c'est le dîner. Les raisons en sont si évidentes qu'il semble superflu d'en dresser la liste. Signalons simplement que le repas paysan est absorbé au milieu de la journée, entre le travail du matin et celui de l'après-midi. Il prend sa place dans l'estomac de la journée. Le repas bourgeois, lui, intervient après le travail, il marque la transition entre la journée et la soirée. Il est plus proche de la tête de la journée (si celle-ci commence par le pied sur lequel on se lève) et des rêves.

À la table du paysan, le rapport entre les ustensiles, la nourriture et le mangeur est intime, l'usage et la manipulation de l'aliment sont chargés de valeur. Chacun a son propre couteau, qu'il tire le cas échéant de sa poche. Ce couteau est usé, il sert à bien d'autres choses qu'à manger, et est généralement affûté. Quand c'est possible, on conserve tout au cours du repas la même assiette, que l'on nettoie avec du pain entre les plats. Chaque convive prend devant lui sa portion de nourriture et de boisson. Il peut, par exemple, tenir le pain près du corps, s'en couper une tranche en tournant le couteau vers lui, puis reposer le pain pour les autres ; de même pour le fromage ou le saucisson. La contiguïté de l'utilisation, de l'utilisateur et des aliments, est considérée comme naturelle. La division est réduite au minimum.

Sur la table bourgeoise, c'est le contact qui est réduit au minimum et la séparation qui est de mise. Chaque plat est escorté de ses propres couverts, de sa propre assiette. En général, les assiettes ne sont pas nettoyées par l'action de manger, car manger et nettoyer sont des activités distinctes. Chaque convive (ou un domestique) tient le plat de service pour permettre à un autre de se servir. Le repas est une série de petites offrandes sans contact.

Pour le paysan, toute nourriture signifie un travail accompli ; peut-être pas par lui-même ou sa famille mais, en tout état de cause, le travail représenté est directement échangeable avec son propre travail. Étant donné que la nourriture représente un travail physique, le corps du mangeur « sait » déjà quel aliment il va absorber. (La résistance du paysan envers des nourritures « étrangères » et nouvelles s'explique en partie par le fait qu'il ne peut les situer dans le processus de travail.) Il ne s'attend pas à être étonné par ce qu'il mange - si ce n'est, à l'occasion, par la qualité. Sa nourriture lui est aussi familière que son propre corps, et son action sur le corps s'inscrit dans une *continuité* avec l'action antérieure du corps (le travail) sur la nourriture. En outre, il mange dans la pièce où la nourriture est préparée et cuite.

Pour le bourgeois, la nourriture n'est pas directement échangeable avec son travail ou ses activités. La nourriture est un produit de base qu'il achète. Les repas ainsi achetés, même lorsqu'ils sont préparés à la maison, sont servis dans une pièce spécifique : la salle à manger du foyer familial, ou bien le restaurant. Cette pièce n'a pas d'autre usage, et comporte toujours deux portes : l'une est reliée à la vie quotidienne du bourgeois, c'est celle par laquelle il entre pour se faire servir son repas. L'autre est reliée à la cuisine, et c'est celle par laquelle la nourriture est apportée et les restes débarrassés. Ainsi, dans la salle à manger, la nourriture est abstraite de son propre processus de production et du monde « réel » des activités quotidiennes du mangeur. Derrière ces deux portes gisent deux secrets : derrière la porte de la cuisine, le secret des recettes ; derrière l'autre, les secrets personnels ou professionnels dont on ne discute pas à table.

Abstraits, isolés, encadrés, les convives et leurs aliments forment un moment séparé. Ce moment doit créer à partir de rien son propre contenu, sa propre substance, qui tend vers la théâtralité : décoration de la table avec l'argenterie, la nappe, la porcelaine ; éclairage ; habillement relativement formel ; protocole déployé en présence des invités ; étiquette ritualisée des manières de table ; formalité du service ; transformation de la table entre chaque plat ; et, enfin, désertion du théâtre pour un cadre plus informel.

Pour le paysan, la nourriture représente le travail accompli et par conséquent le repos. Le fruit du labeur n'est pas uniquement un « fruit », c'est aussi du temps prélevé sur le travail et consacré à l'alimentation. Hormis lors des fêtes, le paysan attablé accepte les effets sédatifs de la nourriture. L'appétit, satisfait, se tait.

Pour le bourgeois, la mise en scène du repas, loin d'être reposante, constitue un stimulus. Sa théâtralisation est telle que les conflits familiaux éclatent souvent à l'occasion des repas. Contrairement à ce qui pourrait sembler logique, la scène du drame œdipien n'est pas la chambre à coucher mais bel et bien la table familiale. La salle à manger est le lieu où la famille bourgeoise s'assemble et se donne elle-même en représentation, et où ses conflits d'intérêt et de pouvoir se trouvent intensifiés et hautement formalisés. Cependant, l'idéal de la dramatisation bourgeoise, c'est recevoir, « animer ». L'ambiguïté du verbe anglais *to entertain*, qui signifie à la fois divertir et recevoir des invités, est à cet égard pleine de sens ; mais ce « divertissement » propose toujours son contraire, à savoir l'ennui. L'ennui hante la salle à manger dans son isolement. D'où l'insistance sur la discussion à table, l'esprit, la conversation. Mais le spectre de l'ennui marque aussi l'alimentation elle-même.

Le bourgeois mange trop. Surtout de la viande. On pourrait avancer une explication psychosomatique selon laquelle son sens de la compétition très développé le forcerait à se protéger à l'aide d'une source d'énergie : les protéines. (De même que ses enfants se protègent du froid affectif avec des bonbons.) Toutefois, l'explication culturelle a tout autant sa place : dès lors que le repas prend une dimension *spectaculaire*, tous les convives participent à sa réalisation et l'ennui est moins probable. Et la réalisation partagée n'est pas foncièrement de nature culinaire. Ce qui se réalise, c'est la richesse. Ce repas que la richesse a permis d'obtenir de la nature administre la preuve que la surproduction et la croissance à l'infini sont naturelles. La variété, la quantité, le gaspillage de la nourriture ne font que démontrer que la richesse est par essence *naturelle*.

Au XIXe siècle en Angleterre, avec un déjeuner composé de perdrix, de mouton et de porridge et un dîner où figuraient trois viandes et deux poissons, les quantités étaient fixes et la preuve extraite de la nature, arithmétique. Aujourd'hui, avec les moyens de transport et de réfrigération modernes, avec l'accélération du rythme de la vie quotidienne et le changement de statut de la « classe domestique », le spectaculaire s'obtient par d'autres moyens. Les aliments les plus variés et les plus exotiques s'acquièrent hors saison, et les plats proviennent du monde entier. Le canard laqué trône à côté du steak tartare et du bœuf bourguignon. Ce n'est plus uniquement la nature qui accorde son affidavit pour témoigner de son abondance, mais aussi l'histoire, pour démontrer que la richesse unit le monde.

En utilisant le vomitorium, les Romains séparaient l'estomac du palais à la recherche du « plaisir ». Le bourgeois, lui, sépare de son corps l'acte de se nourrir afin d'en faire, avant tout, une revendication sociale de l'ordre du spectacle. Manger des asperges en hiver, cela signifie non pas que l'on éprouve du plaisir à le faire, mais qu'on *peut* se les offrir, ici et maintenant. Le repas bourgeois type est pour chaque convive une série d'offrandes discrètes. Chaque offrande devrait constituer une surprise, mais le message est à chaque fois le même : *heureux le monde qui nous nourrit*.

Si la distinction entre repas quotidien et festif est très claire pour le paysan, elle est souvent floue pour le bourgeois. (C'est pourquoi ce que j'écris ci-dessus touche en partie, pour le bourgeois, à la fête.) Pour le paysan, ce qu'il mange et la façon dont il le mange s'inscrivent dans la continuité de la vie. Le rythme de sa vie est cyclique. La répétition des repas est à l'image de la répétition des saisons, elle en dépend. Le mode d'alimentation est fonction du terroir comme de l'époque de l'année. Ainsi, les aliments disponibles, leur préparation, les variations, marquent des moments récurrents au cours de sa vie. Se lasser de ce que l'on mange, c'est se lasser de la vie. Cela arrive, mais seulement à ceux qui sont excessivement malheureux. La fête, grande ou plus intime, marque soit un événement particulier récurrent, soit une occasion unique. La fête bourgeoise, elle, a une portée plus sociale que temporelle. Elle marque moins un jalon dans le temps que la satisfaction d'un appétit social.

Faire la fête pour le paysan, lorsque l'occasion s'en présente, cela signifie avant tout manger et boire car en prévision d'un tel événement, nourritures et boissons particulièrement rares ou délectables ont été mises de côté. Toute fête, même impromptue, est en partie préparée pendant des années. Une fête, c'est la consommation de ce qui a été produit au-delà des besoins quotidiens et épargné au fil du temps. Expression et utilisation de cet excédent, la fête revêt une double signification : elle célèbre à la fois une occasion particulière et l'existence de l'excédent. D'où son déroulement lent, sa généreuse abondance et la jovialité qui l'accompagne.

Pour le bourgeois, la fête est une dépense supplémentaire. Ce qui la distingue d'un repas ordinaire, c'est l'argent qu'on lui consacre. Le bourgeois ne peut pas véritablement célébrer l'excédent, car il ne peut jamais avoir trop d'argent.

Le but de notre parallèle n'est pas d'idéaliser le paysan. Les attitudes paysannes sont pour la plupart conservatrices, au sens strict du terme. Jusqu'à ces derniers temps, la réalité physique du conservatisme paysan empêchait ce dernier de comprendre les réalités politiques du monde moderne ; ces réalités étaient, à l'origine, une création de la bourgeoisie. Le bourgeois avait et, dans une certaine mesure, conserve, la maîtrise du monde qu'il a créé.

J'ai tenté de mettre en relief par une comparaison deux modes d'acquisition ou de possession qui passent par l'alimentation, par l'acte de manger. Si l'on examine chaque point de ce parallèle, il ressort clairement que le « manger paysan » est centré sur l'acte lui-même et sur la nourriture absorbée : il est centripète et physique. Le « manger bourgeois », en revanche, est centré sur la fantaisie, le rituel et le spectacle : il est centrifuge et culturel. Le premier peut se réaliser dans la satisfaction ; le second, au contraire, ne se réalise jamais pleinement et fait naître un appétit qui est, par essence, insatiable.

Paru dans The Sense of Sight, *Pantheon Books Inc, New York, 1986. Traduit de l'anglais par Catherine Delaruelle*

John Berger

Du brouet au potage

Claudine Brécourt-Villars

D'où viennent les mots qui désignent nos plats les plus communs ? Remonter avec eux dans le temps livre accès aux usages, aux recettes et aux goûts.

Pot, potage, pot-au-feu, potée, ragoût, soupe... La filiation est surprenante, mais avérée quand on remonte à la cuisine médiévale qui préconise la préparation de tous les aliments au *pot* afin de conserver le suc précieux des *viandes* (nourriture propre à soutenir la vie, au sens étymologique du mot), et pour ne perdre ni la graisse, ni la saveur des plantes dites potagères, ni l'arôme des épices dont les élites sociales font alors grand cas.

Si, de nos jours, on admet que la soupe est un potage solide, ce sens est un avatar récent car au XIIe siècle, et parfois même encore au XVIIe, ce terme désigne une tranche de pain que l'on arrose d'un bouillon. Son ancêtre est du reste le *brouet*, de l'ancien français *breu* et du germanique *brod* qui signifient justement *bouillon*. Jeanne d'Arc, comme les chevaliers partant en campagne, se sustentait ainsi, paraît-il, de cinq ou six soupes qu'elle trempait dans une mixture roborative composée de vin additionné d'eau.

Le Moyen Âge comme le XVIe siècle sont les hautes époques de la soupe. On la prépare au fenouil, à la citrouille, aux fèves, aux pois, aux œufs, ou à la moutarde, au lard et au chou, voire au vin, que l'on relève avec force cannelle, gingembre, girofle et muscade pour aviver les transports amoureux. La composition se prête bien sûr aux variations régionales : soupe à l'oignon en Poitou ; au lait en Bretagne ; à l'ail en Périgord... Rabelais parle de *savo-*

daros, soupe des gueux, faite avec des os ; il évoque également les « grasses souppes de prime » dont les moines se nourrissent après l'office de prime, à six heures du matin.

Comme la soupe est l'aliment de base de la nourriture populaire, le bel usage veut qu'on lui substitue rapidement le mot potage, jugé moins *trivial* : c'est la prescription d'un manuel de civilité de 1693. Boileau, dans ses *Satires*, emploie indifféremment ces termes :

> ... Cependant on apporte un potage,
> Un coq y paraissait en pompeux équipage,
> Qui, changeant sur ce plat et d'état et de nom,
> Par tous les conviés s'est appelé chapon...
> Notre hôte cependant, s'adressant à la troupe,
> Que vous semble, a-t-il dit, du goût de cette soupe ?

Avec le temps on a d'ailleurs, peu ou prou, fini par les confondre : tandis que *Le Cuisinier bourgeois* (1774) maintient la distinction en recommandant de faire mitonner le potage puis de le servir *au naturel* dans la soupe, le *Dictionnaire* de Trévoux de 1771 est formel : « Le mot soupe est français, mais extrêmement bourgeois. Ceux qui parlent bien disent : ''servir le potage'' et non pas ''servir la soupe''. »

Le CV du potage

À l'origine, le potage ne désigne pas un aliment liquide mais un plat complet comprenant une sauce plus ou moins longue, et un *grain* (partie solide que l'on appellerait aujourd'hui potée) composé de courge, citrouille, raves, navets, oignons et, dit-on, « autres espèces de racines » que l'on agrémente au besoin de lard, de tripailles ou, de façon bien étrange, des *entrailles de la truyte*...

Lorsque, grâce à Olivier de Serres[1], la culture des plantes potagères s'améliore, on prépare les potages avec des *herbes* (tout légume, à l'exclusion des racines et légumineuses), et on les colore

1. Agronome français (1559-1619), auteur du fameux traité *Théâtre d'agriculture et mesnage des champs* (1600).

volontiers en blanc (avec du lait d'amande), en jaune (avec du safran) ou en vert, comme en témoigne cette recette de Platine[2] :

> Mets dedans l'eau *fervente* [bouillante] en un pot des feuilles de vigne et des sarments quand sont tendres & aussi les feuilles de *bourrache* [plante utilisée aujourd'hui en tisane], & puis les retire du feu tout à coup, & les découpe sur quelques tables au net avec du persil & de la menthe avec un couteau ; & quand seront découpées, & puis pilées au mortier, finalement les mettras dedans un pot, & les feras cuire et bouillir un peu au jus gras ; & quand sera cuit, *inspargiras* [saupoudreras] de poivre. (*De l'honneste volupté*, 1505.)

La Renaissance invente un nombre impressionnant d'autres apprêts. Les cuisiniers de Catherine de Médicis introduisent, en particulier, les pâtes d'Italie. Sous Henri II, les potages sont regroupés en quatre sortes. Un siècle plus tard, ils sont au nombre de trente-quatre pour les jours de Carême, et quarante-neuf pour les jours gras. Et cela, dans le seul *Cuisinier françois* de La Varenne (1651), où l'on relève ce riche *potage de santé*, ancêtre du pot-au-feu, qui fait appel à un jarret de veau, à du bœuf, à du mouton et à un chapon... À cette époque, le potage prend son sens actuel de bouillon gras ou maigre, composé de viandes diverses, de poissons ou légumes coupés menu ou passés. Mais il n'est pas encore d'usage, comme aujourd'hui, de le servir seulement au dîner. D'aucuns voient dans le mot l'influence de paronymes comme potable ou potion, tirés du latin *potare*. Il est vrai que l'on boit le potage alors que l'on taille, que l'on trempe, que l'on mange la soupe, comme la potée (née, elle aussi, du pot rempli de légumes) ou le ragoût *(ragoust)*, mets destiné à réveiller le goût, l'appétit, et dont la viande, selon le vocabulaire savoureux du *Viandier*[3], a été *frisée* (rissolée), avant de baigner dans le bouillon.

Les fastes de la cour de Louis XIV poussent à la sophistication. Les modes de préparation sont de plus en plus raffinés, comme on peut en juger par cette recette de potage de canard :

> Lardez le canard de gros lard, le passer par la poêle. Coupez des navets bien menus et les faire cuire avec les canards dans un pot avec bouil-

---

2. Battista Platina, de son vrai nom Bartholomo Sacchi (1421-1481), à qui l'on doit le plus important traité de cuisine du XVe siècle.
3. Premier ouvrage de cuisine en français, attribué à Taillevent, de son vrai nom Guillaume Tirel (1310-1395), Slatkine Reprints, Genève, 1967.

lon assaisonné de sel, *paquet* [bouquet de thym et de laurier], un peu de poivre et *clous* [de girofle]. Faites cuire deux douzaines de prunes de Sainte-Catherine dans un petit pot avec vin blanc. Quand elles seront cuites, passez-les par l'étamine avec le jus, et mettez dans le pot des canards avec câpres, saucisses, olives désossées. Dressez sur des croûtes mitonnées avec le même bouillon. Mettez jus de citron, et par tranches, et grain de grenade en servant. (*Le Cuisinier*, 1656.)

Pierre de Lune le baptise *potage à l'arabesque*. Le goût du jour veut, en effet, quand un grand chef invente un mets, qu'il lui donne un nom de baptême. On ne trouve plus guère désormais de ces appellations traditionnelles qui relèvent du champ sémantique culinaire, mais des noms exotiques, des noms de lieux ou de personnages célèbres, et même de victoires militaires. Tel potage est baptisé : Argenteuil, Saint-Germain, Solférino. Tel autre est appelé : Parmentier ou dit : « à la Condé ». Un autre encore, aux champignons et au blanc de volaille, porte la marque d'Agnès Sorel, favorite du roi Charles VII. Le phénomène débute, semble-t-il, vers la fin du XVIIe siècle, avec Massialot, dont *Le Cuisinier royal et bourgeois* (1691) donne, en dépit de son titre, des formules très proches de celles que l'on relève dans les menus de la cour.

C'est au début du XVIIIe siècle que le potage cesse d'être présenté dans une assiette individuelle pour trôner, au milieu de la table, dans une *soupière*, redoublant ainsi la confusion des mots. Il poursuit sa carrière sans faillir jusqu'au XIXe siècle, où, tour à tour, on le proscrit puis on le recommande. Le célèbre Grimod de la Reynière[4] en fait cet éloge quelque peu outrancier :

> Le potage est à un dîner ce qu'est le portique ou le péristyle à un édifice ; non seulement il en est la première pièce, mais il doit être combiné de manière à donner une juste idée du festin, à peu près comme l'ouverture d'un opéra-comique doit annoncer le sujet de l'ouvrage.

Aujourd'hui, les gourmands continuent d'en être friands et le répertoire de la cuisine française leur en offre un éventail de plus de trois cents recettes....

---

4. Homme de lettres et fin gourmet, Alexandre Balthazar Grimod de la Reynière (1758-1837) est notamment l'auteur de l'*Almanach gourmand*, dont la première édition est publiée en 1802.

Claudine Brécourt-Villars

Le bon plaisir

Léo Moulin

Toutes les civilisations ont accordé de l'importance au fait de manger et de boire, et les peuples les plus déshérités connaissent eux aussi des moments de ripaille. Toutes les cuisines, pourtant, ne sont pas également vouées à la recherche du plaisir.

Pourquoi les plus affamés des hommes de Belgique, qui sont pourtant de solides fourchettes, renâclent-ils à la seule idée de manger l'andouillette chère pourtant aux fans de l'AAAAA ? Pourquoi le Sarde se délecte-t-il de la viande d'âne, qui ferait d'emblée vomir l'Irlande tout entière ? Et comment expliquer la révulsion des Anglais devant le *haggis* (une préparation de haute saveur, soit dit en passant) cher aux Écossais, ou devant les cuisses de grenouille ?

On pourrait ainsi proposer, tour à tour, des yeux de bœuf, des testicules de taureau, de la vulve de truie, du hérisson, du tatou brésilien, des *gusanos* du Mexique, des criquets d'Afrique, et autres mets délectables (qui ne m'ont pas laissé un mauvais souvenir, tant s'en faut) pour les citoyens d'une nation donnée, et objet d'horreur pour les autres, parfois leurs voisins.

Y aurait-il des papilles spécifiquement britanniques, et donc seules capables de savourer les délices du *fish and chips* ou le pastel des tremblotantes *jellies*, et des papilles tourangelles, naturellement portées sur l'andouillette ? Pourquoi les peuples du Nord aiment-ils la morue, et les gens du sud de l'Europe le merlu ? Les Allemands, les vins doux, que les Français n'apprécient guère ?

C'est l'éternel problème de l'inné et de l'acquis que l'on évoquerait ici s'il n'était évident qu'en pareille matière s'imposent la culture, l'éducation, l'*habitus*.

Notre appétit, nos goûts, nos aversions, notre capacité (ou notre incapacité) à savourer telle ou telle préparation, à taster les vins ou les bières, l'attention que nous portons à l'arrangement de la table (ou notre indifférence) sont le résultat d'une initiation lente et continue, commencée dès les premiers balbutiements de la vie. Il n'y a sans doute que le goût pour le sucré qui soit inné, et encore, car comment prouver que le nourrisson ne se le soit pas approprié en suçant le sein maternel ?

Si nos goûts étaient innés, comment expliquer d'ailleurs les changements qui s'y sont opérés au cours des siècles, au sein d'une même société, peuplée des mêmes hommes ? Nous ne mangeons pas comme au Moyen Âge (hormis quelques survivances, tels le cassoulet, les carbonades à la flamande, les *bolliti misti* de Lombardie, la *mint sauce* anglaise, le *gaspacho* andalou, la *paëlla valenciana*...).

Nous ne mangeons même pas comme nos pères, pourtant beaucoup plus proches de nous. Où est en effet le faisandé, cher aux palais de la Belle Époque, les bouillons que la graisse prodiguée par la poule nappait d'yeux brillants et jaunes ? Où sont les grands vieux bourgognes chambrés, sur la cheminée de la salle à manger, à 20 degrés et plus ?

Des critères objectifs ?

Comment expliquer la diversité des cuisines nationales, régionales ou locales, le goût des Européens pour certaines cuisines exotiques ? Ou pourquoi les goûts varient-ils selon la classe sociale, l'âge ou le sexe ? Sinon par le fait qu'ils sont un acquis social qui s'exerce et se développe selon les canons d'une culture donnée, celle dans laquelle l'individu a été élevé.

C'est pourquoi le sociologue hésite beaucoup à proposer des critères objectifs qui nous permettraient d'affirmer la précellence d'une cuisine. Il faudrait définir tout d'abord ce qu'est le goût - et le bon goût dans l'absolu - et établir si telle ou telle cuisine le satisfait, dans quelle mesure et pourquoi.

Or comment définir le goût, selon quels critères qui ne soient pas liés à notre culture, c'est-à-dire à notre passé, à notre éducation, aux diverses formes de socialisation - notamment olfactives et gustatives - dont chaque homme est l'objet dès sa naissance ?

Le problème, pour le sociologue, est d'expliquer pourquoi certaines cuisines - la chinoise par exemple - sont plus ouvertes à notre échelle des goûts, alors que la cuisine tibétaine, par exemple, ne l'est pas.

« Parce qu'elle est meilleure », dira-t-on. Mais en quoi, et pourquoi nous apparaît-elle meilleure, sinon, peut-être, parce que nous y retrouvons des paramètres qui nous sont familiers (ce qui n'est pas le cas, par exemple, pour la musique chinoise). Cela vaut, en tout cas, pour certaines préparations désormais bien connues (et donc reconnues), et d'ailleurs quelque peu « européanisées », comme bon nombre de cuisines exotiques. On répondra aussi indirectement : pourquoi certaines nations, certaines cultures ont-elles donné plus que d'autres, en peinture ou en musique, ou en philosophie ou dans les domaines de la recherche scientifique ? Pourquoi un siècle de Périclès, un siècle d'Auguste, un siècle de Louis XIV ? Pourquoi certaines provinces comptent plus de réussites sociales que d'autres, voisines ?

Les raisons de pareils succès sont à ce point nombreuses, diverses, complexes, en situation dialectique les unes par rapport aux autres et, en outre, peu perceptibles, qu'il est à peu près impossible d'expliquer pareilles réussites. Expliquer au sens fort du terme, c'est-à-dire dé-plier les causes, les raisons, les facteurs d'une situation donnée. Il en va de même dans le domaine de la cuisine.

Un fait de civilisation

Certains diront peut-être : manger soit. Être quelque peu attentif à ce que l'on mange et boit, passe encore. Mais pourquoi le raffinement qui préside à certaines tables ?

L'idée de raffiner ce que l'on consomme - l'idée de manger « naturel » fait sourire, sauf à brouter l'herbe du pré et manger des pommes de terre crues avec les doigts - est un fait culturel, en matière gastronomique, comme en matière artistique ; en fait, comme dans tous les domaines de la vie en société, vêture ou lecture. Elle peut se porter sur des saveurs, des flaveurs, des plaisirs olfactifs et visuels différents et parfois même opposés. Cette recherche, cet art subtil qui crée des symphonies de saveurs et de couleurs, de fragrances comme on disait en 1900, qui est le propre des grands chefs, se retrouve partout, et nous y reviendrons, à des degrés et à des niveaux variables, jusque dans les cuisines les plus rustiques. Rustiques sans doute, mais point primitives ou rudimentaires, car la cuisine des « mères », ou la cuisine « paysanne » (des Abruzzes, de la Corrèze) exige un savoir-faire, un sens des nuances, une perception du temps, qui sont signes assurés de culture.

Toutes les civilisations, y compris les plus primitives (selon nos critères d'Occidentaux), ont accordé de l'importance au fait de manger et de boire. Toutes ont célébré par des repas mariages ou funérailles, victoire sur l'ennemi ou naissance, accession à la puberté ou venue du printemps. Nous ne mangeons pas n'importe quoi, à n'importe quelle heure, n'importe comment, avec n'importe qui, fût-ce dans la vie quotidienne. Que dire alors dans les grands moments de la vie ?

Les peuples les plus déshérités, s'ils réussissent à échapper aux famines qui les menacent, connaissent eux aussi des moments de ripaille, et je tiens pour assuré que les Boschimans ou les Indiens de l'Orénoque offrent alors à leurs parents et à leurs invités les meilleurs morceaux, les sot-l'y-laisse de la bête, les vers les plus dodus, les chenilles les plus tendres. Sans oublier l'une ou l'autre boisson enivrante ou hallucinatoire.

Cela dit, la cuisine est-elle une valeur de civilisation au même titre que la musique ou la poésie ?

Elle s'inscrit, sans doute, dans la culture des nations. Elle en est le reflet et, par conséquent, une des valeurs de civilisation, des civilisations qui ont existé tout au long des siècles. Elle peut être chantée, louée, magnifiée, si la culture dont elle est issue s'ouvre à la beauté et à la sensualité des choses. Elle sera pauvre et triste si la culture qui la produit nourrit un sens aigu, augustinien, du péché.

« L'homme mange, la bête se repaît, l'homme d'esprit seul sait manger », a écrit Brillat-Savarin. Pareille constatation suffit-elle cependant à mettre la cuisine au même niveau que la musique ou la poésie ? J'hésite à le faire (et aucun chef, je crois, si imbu soit-il de son art, ne le ferait).

Pour quelles raisons ? Sans doute, et avant tout, parce que le cuisinier travaille dans l'éphémère et le labile. Lui disparu, il n'en reste que le souvenir des joies qu'il nous a procurées, son livre de recettes, soit l'équivalent d'un dictionnaire par rapport à la littérature. Au mieux, d'un musée, par comparaison à l'atelier du peintre.

Le Panthéon survit à l'écoulement des siècles, et Moissac, et *L'Art de la fugue*, et *La Divine Comédie*. Mais que reste-t-il de la puissante cuisine louis-quatorzième, des fêtes des ducs de Bourgogne, des joies multicolores et multisavoureuses des préparations médiévales ? Rien, sinon la connaissance, purement cérébrale, de ce qu'étaient ces monuments de la cuisine et une certaine curiosité, le plus souvent insatisfaite.

J'aime la vie, j'aime la table, la belle convivialité d'un repas avec des amis, mais les sens qui président à ces fêtes de l'esprit (mais oui !) ne me semblent pas pouvoir rivaliser avec ceux de la vue et l'ouïe, qui parlent à l'âme. Ils sont des manifestations culturelles de plus haut niveau.

Du plaisir et de la cuisine

Manger est aussi - et je dirais avant tout - un rite social qui assure la continuité et la densité des contacts humains. Boire est le rite convivial par excellence, le « copain » est celui avec qui on est heureux de partager son pain ; « compagne », celle avec qui vous partagez plus et mieux encore que le pain. Boire, manger seul, est la plus triste des occupations solitaires.

La cuisine n'aurait que cette valeur, grande serait son importance, puisque liée aux conditions même de la vie en société. Mais elle peut signifier bien autre chose : la recherche du raffinement.

Les moines, seuls éléments de civilisation après la destruction de l'Empire romain, se sont très tôt tournés vers certaines recherches, qui devaient déboucher sur des préparations aussi raffinées que goûteuses. Le trappiste qui, en puisant dans son écuelle, s'astreignait à prévenir en lui le péché de gourmandise, se délectait néanmoins en toute innocence en mangeant *son* fromage - dont le goût variait selon les saisons, et il le savait - et en buvant *sa* bière, celle des pères, et non celle, plus légère, destinée à rafraîchir le gosier des frères lais et des moniales. Tout saint homme qu'il fût (en principe), il savait faire la différence. La tendre connaissance des hommes nourrit la pensée et l'action de saint Benoît. Il sait que les montants de l'échelle qui aide l'homme à s'accomplir sont le corps et l'âme (*Cap.* VII, 26). C'est pourquoi il propose que soient offerts chaque jour « deux mets cuits » au moins. Ainsi, écrit-il, « qui ne pourra s'accommoder d'un mets pourra manger l'autre ». Et d'ajouter : « De plus, s'il se trouve des fruits ou des légumes frais, on ajoutera un troisième plat » (*Cap.* XXIX, 6-9). Plus une livre de bon pain et du vin, un tiers à un demi-litre : la *justitia !* Un bon régime. Plus tard, les Italiens ont dominé l'art du bien-manger et d'appareiller la table. Puis vinrent les Français, dont l'art domine la cuisine européenne depuis deux siècles et jusqu'à nos jours.

En revanche, le puritain, tenaillé par la connaissance du péché qu'il pourrait commettre en prenant quelque plaisir à table, se réjouit de manger mal. Car manger mal, sans joie, sans appétit, sans aucune concession à la sensualité, uniquement parce que c'est une des tristes nécessités de notre corps biologique, est aussi un fait culturel. Il suffit de voir *Le Festin de Babette*, où rôde l'ombre menaçante de Luther (« La bouche est faite pour louer Dieu », énonce sentencieusement un personnage du film), pour s'en convaincre.

Non que les Anglais (ou les autres nations de culture protestante) ne mangent que par pure nécessité physiologique. Comme tout le monde, ils portent un intérêt certain aux rites de la table. L'*English breakfast* est un chef-d'œuvre de goûts et de saveurs. On doit aux Anglais la diffusion du sherry, du porto, du madère, du whisky et du grog. Le marsala est une invention des frères Woodhouse (1773). Nous leur devons encore le rumsteack, le beefsteack, le roastbeef, c'est-à-dire l'art de cuire rapidement les viandes, comme il convient dans une civilisation où « le temps est de l'argent » (B. Franklin).

Cela dit, il est, me semble-t-il, évident que la cuisine anglaise (ou scandinave, ou allemande) ne s'est pas répandue dans le monde comme la cuisine française ou l'italienne. Le professeur Stephen Mennel explique cette « décapitation de la cuisine anglaise » (ce sont ses propres termes) notamment par le choc de la révolution industrielle et par le fait que la monarchie britannique, contrairement à ce que fit Louis XIV, n'a pas réuni la noblesse autour du trône. Si bien que cette dernière continua à se satisfaire d'une cuisine campagnarde, sans apprêts et sans recherche.

Fidèle disciple de Max Weber, j'ajoute à ces facteurs le puritanisme qui a dominé au XIXᵉ siècle les classes moyennes du Royaume-Uni. Et d'une façon générale quoique à des degrés divers, le puritanisme a atteint tous les peuples et les individus qui, peu ou prou, ont été sensibles à travers Luther, Calvin, Jansénius, aux enseignements du très grand, du très culpabilisant et génial saint Augustin. Sa propre expérience et sa vision théologique l'ont amené à souligner la nécessité pour l'homme, incapable de résister à la tentation, de se méfier strictement de toutes les formes de sensualité, celle de la cuisine n'étant pas des moindres. D'où, dans nombre d'Églises d'inspiration calviniste, l'interdiction de tout alcool, de vin, de café ou de thé. Quant à la cuisine, pourvu qu'elle soit simple, hygiénique et peu coûteuse, elle convient parfaitement.

Il est évident que pareille attitude ne favorise guère la recherche du plaisir. Et que sont alors minces les chances de jeter les fondements d'une grande cuisine de niveau international, capable de séduire les hommes qui ne participent pas à cette tradition. D'où la rareté, sinon l'absence, de restaurants relevant de cette culture puritaine en dehors des frontières des peuples qui la vivent.

Tout ce qui vient d'être dit ne vaut que pour l'Europe, terre chrétienne. Les civilisations non chrétiennes, le monde juif, l'Islam, ont d'autres fondements religieux, d'autres formes de culture et, par conséquent, d'autres attitudes devant l'art de manger et de boire. Voluptueuses ou méfiantes, selon les cas.

Contre l'hygiénisme

Le mot « hygiénisme » n'est pas dans le *Larousse*. Pour le *Robert*, c'est un terme didactique qui n'apparaît qu'au milieu du XXᵉ siècle. Il désigne le souci de respecter au maximum les règles d'une hygiène (du corps, de l'alimentation, de vie) telle que la définissent une société et une époque données. Le végétarisme comme sa sœur cadette le végétalisme témoignent du désir de suivre un régime alimentaire exempt de viandes et parfois de tous produits animaux. C'est là une conduite animée soit par des motifs d'hygiène curative, soit par des motifs philosophiques, idéologiques ou religieux et qui rejoint, le plus souvent, les indications de l'hygiénisme. Quant à l'écologie, si elle définit à l'origine une science étudiant les milieux vivants, elle a pris dans les années 60 le sens d'une doctrine visant à une meilleure adaptation de l'homme à son environnement. Et finalement, sous la forme d'écologisme, elle signifie la volonté de respecter à tout prix les équilibres naturels et de protéger l'environnement. Ses liens avec l'hygiénisme et le végétarisme sont évidents : il s'agit avant tout de sauvegarder la nature dans sa pureté première des menaces de la civilisation industrielle du XXe siècle. Je n'aime pas les mots en *isme*. Ils annoncent toujours un système rigide, moralisant, clos, rationnel, ou prétendu tel, et me font « trembler les veines et le pouls », comme dit Dante.

Non que j'ignore les préparations des restaurants spécialisés dans ce genre de cuisine. C'est sain, propre, soigné, original, et même savoureux. L'atmosphère y est le plus souvent sympathique, parfois un peu trop austère. Mais c'est, incontestablement, un fait de société curieux. Quels sont en effet les objectifs de ces régimes alimentaires ? Manger plus sainement pour se mieux porter.

Or, tous, nous atteignons les limites des troisième et quatrième âges infiniment plus ingambes que nos prédécesseurs : les barbons de Molière avaient quarante-trois ans ; c'est aujourd'hui l'âge des grands séducteurs. Comment dès lors expliquer ce lancinant souci de notre santé, cette obsession des régimes d'une rigueur à faire trembler un cistercien de stricte observance, cette vogue des produits « naturels » ?

Les raisons de cet état d'esprit sont multiples : désir et possibilité de garder sa silhouette, exigence sociétale d'être en forme dès potron-minet, la mode, véritable lit de Procuste, le refus de la douleur, du vieillissement, de la décrépitude (et même de la mort), phénomènes qui, dans une société sécularisée comme la nôtre, ont radicalement changé de sens.

L'observation permet de constater à quels excès cette vision des choses peut conduire. Certes, comme tout le monde, je suis sensible à la qualité de ce que je mange. Je n'ignore aucunement combien un fruit cueilli à l'arbre, par une belle aube d'été, est délectable. Il va sans dire que j'aimerais que nos villes fussent moins polluées, les rivières cristallines, la forêt amazonienne protégée, l'Himalaya nettoyé de ses boîtes de conserves. Je n'en suis pas pour autant « écolo » ou « régimard ». La nostalgie des paradis perdus ne me hante pas. Et cela, pour plusieurs raisons.

La première tient à ce que j'ai conscience de vivre dans une société fortement urbanisée, et donc porteuse de haute culture, à savoir les bibliothèques, les musées, les salles d'exposition, les théâtres, les universités, les grands monuments, legs de notre passé. Cela me fait accepter, sans trop rechigner, bien des inconvénients qui sont l'apanage des grandes villes. Tant pis pour la prune tout embuée de rosée matinale que je ne mangerai plus jamais. J'irai à l'Opéra pour me consoler. Qu'on le veuille ou non, depuis des millénaires, et, plus précisément, depuis qu'il sait faire cuire ses aliments et qu'il a pris l'habitude d'ensevelir ses morts, l'homme est devenu le produit (raffiné, mais oui) d'une culture qui, tout animal qu'il soit encore à certains égards, en a fait un être tout à fait distinct de tous les autres animaux.

Deuxième raison : je n'aime guère l'état de tension qui gouverne le plus souvent les gens à régime, que ce soit pour des raisons sanitaires ou esthétiques. D'une façon générale, j'exècre ceux qui viennent à table caparaçonnés de pilules et de tablettes, égrenant leurs maux à longueur d'assiette. Luttant contre eux-mêmes, ils infligent à leurs commensaux les inquiétudes, les problèmes de leur régime, pis encore, les entorses qu'ils y font, leur conscience bourrelée de remords.

Je crois que l'on peut arriver à se défendre, tant bien que mal (contre la maladie, le vieillissement, l'atonie, la bedaine), sans recourir à ces tristes moyens qui incommodent tous ceux qui font de la table un lieu de joie, d'amitié et de claire sensualité. Il existe d'autres moyens d'atteindre les objectifs « ligne » ou « santé », et je m'obstine à croire que la meilleure des médecines est encore la confiance dans la vie, l'alternance de la ripaille suivie des jeûnes et des abstinences, le travail, le sport, et qu'il n'est pas de meilleure hygiène de vie que de ne pas sombrer dans l'hygiénisme.

Troisième motif de mon « anti-hygiénisme » : la défense de l'Europe. Pour moi, sa richesse, fait unique dans l'histoire des civilisations, tient à sa prodigieuse diversité. Que celle-ci soit un obstacle de taille à l'intégration est évident. Nous ne pouvons l'éviter, à moins de perdre la spécificité de notre culture et, de ce fait, sa raison d'être. Le cours des choses ne tend déjà que trop à nous engager dans les voies d'une homogénéisation meurtrière pour la qualité de vie, et de la massification profonde de l'*Homo europeanus*.

Si nous renonçons à nos particularités gustatives et olfactives -

au nom de la production de masse ou par souci de mettre les hommes à l'abri des infections -, nous cesserons d'être nous-mêmes. Nous perdrons notre âme d'Européens. Ici encore, je me rebiffe.

Le quatrième argument à opposer aux partisans de l'hygiénisme est, ni plus ni moins, d'ordre théologique. Le Paradis, avant la Faute, est végétarien : Adam et Ève sont autorisés à se nourrir de « l'herbe qui porte semence », et de « l'arbre dont le fruit porte semence » (Gen. I, 29). La nourriture carnée ne sera permise qu'après le Déluge : « Tout ce qui vit vous servira de nourriture » (IX, 3), après que Dieu aura pris conscience que le « cœur de l'homme est porté au mal dès sa naissance » (VIII, 21).

Le vin apparaît, lui aussi, après la Faute : Noé en est l'inventeur (Gen. IX, 20) qui prit la plus fameuse et première biture de l'histoire, et se conduisit d'une façon qui scandalisa ses fils. Ce n'est point là une raison d'être tristement abstinent : la Bible chante le vin, la vigne et les vignobles plus de mille fois et ne condamne que les excès (Prov. XX, 1). Seuls les Rekabites, descendants de Caïn et quelque peu mêlés au meurtre d'un roi d'Israël, ne boivent pas de vin.

Je n'aime guère ceux qui rêvent de retrouver l'état d'innocence qui régnait dans l'Éden. L'histoire nous enseigne que les rêveurs d'utopie, comme les fidèles des sectes, nourrissent la nostalgie du Paradis perdu et sont donc, pour la plupart, végétariens et abstèmes. C'est, là encore, une autre raison de ne pas céder aux tentations de l'hygiénisme.

Brillat-Savarin a raison : « L'homme d'esprit seul sait manger. » Mais le sociologue a, lui aussi, raison quand il affirme que la façon de préparer la nourriture, de la manger et s'en délecter est un fait culturel, commun à toutes les cultures. Elle se situe aussi dans la zone du plaisir, et donc de la sensualité la plus quotidienne. Ne la troublons pas par un souci excessif de ce qu'il est convenu d'appeler « la forme » ou « la santé ». L'amour de la vie, la projection dans le futur de quelque rêve, la célébration des rites de l'amitié sont encore la meilleure hygiène qui soit pour les hommes d'aujourd'hui. Il n'est pas impossible, même dans la société actuelle, d'en respecter les exigences.

Léo Moulin

2. *De vous à moi*

Faux contact

Franco La Cecla

Connaître l'Autre à travers sa cuisine : illusion. La cuisine « typique » que l'on offre à l'étranger ne serait-elle qu'un simulacre de culture ?

« Les tagliatelles slovènes ne viennent plus garnir les potages croates, les vins de Serbie et de Macédoine ne reposent plus côte à côte chez les marchands et la fraternelle unité des peuples n'est même plus respectée par ces sardines d'Istrie qui naguère se nommaient "Belgrade". La "Yougonostalgie" s'empare du citadin dans les boutiques où chaque produit porte, imprimé, son emblème national, et sur les marchés où la moindre touffe d'origan est sommée de déclarer sa provenance. En Croatie, les glaces serbes sont devenues les denrées de l'occupant ; en Serbie, on se cache pour préparer des consommés croates, le shampooing Simbi ne pénètre plus au Sud, le vin macédonien n'arrive plus au Nord. Déguster un produit de l'"ennemi" c'est risquer d'être accusé d'espionnage. » (Nicole Janigro, *L'Explosion des nations : le cas yougoslave*, Feltrinelli, 1993 [non traduit en français]).

« Un homme entre dans un restaurant juif comme celui-ci. Il s'assoit à une table et examine le menu pour faire son choix. Quand il lève les yeux, il s'aperçoit que le serveur est chinois. Le serveur lui demande : *"Vos vilt ihr essen ?"*, ce qui en bon yiddish signifie : "Que voulez-vous manger ?" Un peu ébahi, le client surmonte quand même sa perplexité et passe sa commande. Puis, à chaque nouveau plat, le serveur chinois vient lui dire : ''Voici ce que vous avez commandé, j'espère que vous serez satisfait'', le tout dans un yiddish irréprochable. Quand le repas se termine, le client prend la note et va à la caisse, où se tient assis le propriétaire, tout à fait comme le gros, là-bas au fond, avec le tablier. Avec un drôle d'accent, le même que moi, le patron dit au client : ''Tout s'est bien passé ? Tout va bien ?'' Enthousiaste, le client répond : ''Parfait, tout a été absolument parfait. Et le garçon - ça, c'est le plus extraordinaire - le garçon est chinois mais il parle un yiddish extrêmement pur.'' ''Chut, chut, fait le patron, pas si fort... Il croit qu'il est ici pour apprendre l'anglais.'' » (Philip Roth, *Opération Shylock*, 1994 [non encore traduit]).

On se promène du côté de la Goutte-d'Or, à Paris, et l'on se rend compte que les poissons exhibés sur les étals du marché portent des noms étranges : *carangue, tiof, sampatt, tilapia.* De gros poissons, qui viennent de loin, des poissons d'Afrique, spécialités du Sénégal ou des côtes de Guinée. Ils côtoient d'énormes poissons-chats[1], des crabes gigantesques. Chaque jour, des avions les livrent ici, à Paris, mais ils sont destinés à des palais qui n'ont pas grand-chose de parisien. Ceux qui les achètent savent exactement comment les cuire, en quelles occasions et avec quelles épices. Le vendeur est souvent asiatique, vietnamien ou laotien, et il propose pêle-mêle de l'huile de coco, du tamarin, du vin de palme et du tofu. Néanmoins, l'enseigne de son échoppe indique « spécialités africaines », « produits afro-européens » ou « cuisine haïtienne ». Vous entrez et vous vous demandez à quoi servent les différentes variétés de tubercules exposées au regard, vous ignorez ce que contiennent ces rouleaux de feuilles ou comment il faut manger ces poissons fumés qui foisonnent à vos pieds. La fantasmagorie de l'achat passe par la gourmandise. Mais cette gourmandise-là s'interroge sur des saveurs et des goûts qui ne sont pas ceux du visiteur traversant les marchés, les bazars et les petites boutiques avec la mine ahurie d'un voyageur en pays étranger. Il existe une flânerie de la gourmandise qui cherche à anticiper par la vue le mystère des arômes inconnus.

---

1. Poisson de belle taille, à la chair savoureuse, qui vit notamment dans le delta du Mississippi et n'a guère de points communs avec son humble cousin européen, hormis la moustache (NdT).

Vous voici à San Francisco, dans Chinatown, vous marchez entre des porcs et des oies laqués, parmi de vastes aquariums où nagent carpes et tortues, vous êtes choqué par la cruauté avec laquelle le commerçant saisit un poisson pour lui assener le coup de grâce à l'aide d'une hache, puis, au restaurant du coin, vous hésitez à commander un plat baptisé *fishlips* - sans doute des lèvres de poissons concoctées avec une sauce spéciale.

Ou bien vous êtes à Palerme et, parcourant le vieux quartier, vous percevez un fumet intense, généreux, qui s'échappe d'un café : non pas une odeur d'ici, mais la senteur d'un narguilé enrichi de miel et de fruits. Ceux qui fument ce narguilé sont de jeunes Palermitains avides d'un exotisme pourtant proche de leur culture. Derrière le comptoir, ceux qui préparent les narguilés et les accompagnent de *brik* et de couscous sont de jeunes Tunisiens arrivés avec la dernière vague d'immigrants : cette immigration qui a vu s'installer des Maghrébins, des Mauriciens et des Sénégalais dans le vieux centre de Palerme.

Vous retournez à San Francisco, cette fois dans le quartier italien de North Beach, et vous décidez d'aller manger du poisson dans un restaurant typique. Vous entrez donc au Michel-Ange, vous prenez place et vous êtes séduit par une atmosphère chaleureuse, accueillante. Ensuite, la cuisine est un délice. Comment font-ils donc pour trouver du basilic qui ait exactement le même goût qu'à Cefalu ou à Messine, comment font-ils pour trouver des câpres ? Ils ont même des *cannoli* frais[2] avec du fromage blanc de brebis. Pourtant, un détail vous tracasse. Bien en évidence sur les tables inoccupées, on a disposé des plateaux d'*amaretti* de Saronno[3]. Vous vous demandez où est le problème et soudain vous songez que personne, en Italie, n'aurait jamais l'idée d'exposer ainsi des *amaretti* à l'air libre. Les biscuits vont vite perdre leur arôme et leur consistance si caractéristique. Au serveur qui vient s'enquérir de votre repas, vous répondez « tout va pour le mieux », mais vous lui faites remarquer les *amaretti*. À votre grande surprise, il appelle le directeur. Celui-ci arrive et vous dit : « Excusez-moi, je suis you-

2. Spécialité sicilienne : les *cannoli* sont un cornet frit fourré d'une farce sucrée ou salée - le plus souvent du fromage frais (NdT).
3. Petits gâteaux à base de pâte d'amande, à la fois secs et moelleux, toujours enveloppés dans un papier, comme des bonbons (NdT).

goslave, mais que voulez-vous, pour survivre ici, à North Beach, je suis forcé de faire semblant d'être italien. »

Tout cela ressemble fort à une confusion des mondes : une Babel de cuisines, de recettes, de goûts, un mélange souvent approximatif de traditions.

Cependant, cela ne vous étonne guère si vous habitez dans une ville pluriethnique : la contagion, le métissage sont à l'ordre du jour. Vous ne vous formalisez pas de rencontrer un « tofu-burger », un « chili-a-roni » (c'est-à-dire des macaronis au chili), un « taco-sushi ».

Comment est-ce possible, qu'est-ce que cela implique dans les relations individuelles, culturelles ?

Le degré zéro du goût

La cuisine est le seuil le plus accessible d'une culture, le palier le plus bas d'une frontière. Pour cette raison, c'est aussi elle qui disparaît en premier, comme le montre le texte de Nicole Janigro sur la Yougoslavie. Dans certains pays comme l'Italie, c'est le premier signe distinctif entre deux régions voisines, parfois entre deux villages contigus. Lorsque l'on mange la cuisine des autres, on franchit ce seuil. Tout repose sur la notion d'essai : on « essaie » quelque chose de nouveau. Cela ne signifie pas que l'on se compromette avec les autres, avec une autre culture. Nul besoin de parler l'italien pour apprécier les spaghettis ou l'arabe pour déguster un couscous. La cuisine ne requiert pas une adhésion à la culture qui l'a produite, tandis que le fait de lire un livre, voire de regarder un film, sont des actes de compromission majeure. Pourquoi ? En « essayant », on prend un billet d'aller dont le retour est payé à l'avance : on jette un « coup d'œil autour de soi ». En « essayant », on éprouve une jouissance passive, comme celle de qui écoute un disque de *world music* parce que la mélodie lui plaît ou provoque sa curiosité. Nous sommes en visite dans une autre culture - visite qui ne nous oblige pas à des relations personnelles. En ce sens, la cuisine représente l'étape initiale du contact interculturel. Quand je mange chinois, sénégalais ou arabe, je me trouve dans une « zone de traduction ». Le texte à traduire, lorsque j'« essaie », est un goût. C'est un texte ambigu, parce que le goût, comme le définit Brillat-

Savarin, « est celui de nos sens qui nous met en relation avec les corps sapides ». Mais en quoi consiste cette sapidité dans une autre culture ? Cela restera toujours un peu une énigme. Toutes les cultures possèdent leur propre échelle de valeurs, où figurent le « salé », le « piquant », l'« âpre », l'« aigre », l'« aigre-doux », l'« amer », le « fade ». Il m'est difficile de comprendre le goût du piquant chez un Mexicain de la région du Chiapas pour la simple raison que je n'ai pas passé toute ma vie à me nourrir d'aliments piquants. De la même façon, je continue à voir un mystère dans le « degré zéro » du goût dans la région de Belém, en Amazonie brésilienne, où les habitants se régalent de *pato no tucupi*, un canard agrémenté d'une herbe, le *tucupi*, qui, dûment mastiquée, vous endort la bouche en vous ôtant toute saveur. Pour un étranger, il n'est pas facile de capter le goût des autochtones, parce qu'il n'est pas facile de saisir le point précis où, pour eux, se situent non seulement les « couleurs » du palais, les « sapidités », mais aussi ses extrêmes. Pour un Napolitain, une sauce sans ail est insipide, comme l'est pour un Palermitain une sauce à laquelle on n'a pas ajouté une cuillerée de sucre. Seulement, où se trouve l'extrême du piquant pour un Thaïlandais ou un Mexicain ? À plus d'un égard, le piquant représente lui aussi le « degré zéro » du goût, ce moment où toutes les saveurs sont annihilées par la sensation de brûlure.

Les touristes en font l'expérience sur leur propre peau (celle de leur langue) et en ressentent parfois de l'embarras, du dégoût. Mais le dégoût est souvent l'antichambre de la curiosité et de l'exotisme. Plus une cuisine intrigue l'imaginaire, lui répugne, plus elle attire (mais il faut un peu de temps et un bon nombre de timides tentatives). Le connaisseur de cuisines étrangères demeurera à jamais un amateur, un collectionneur, un flâneur du goût. Il est rare qu'il aille au-delà de la première impression. Les éléments sont là, dans votre assiette, mais il manque le contexte où s'inscrit ce plat - les points de comparaison avec d'autres plats de la même provenance, qui font de lui une « spécialité » pour les autochtones.

Dans les restaurants « ethniques », dans les lieux « typiques », ce que l'on attend des clients, ce n'est pas de la profondeur, au contraire : c'est la curiosité superficielle qui forme la base de la jouissance. La cuisine des restaurants typiques est un espace de tolérance précisément parce que c'est un espace de superficialité. On ne transmet à l'étranger qui vient y dîner que ce qu'il peut et veut comprendre. En cela l'histoire que raconte Philip Roth est géniale. La cuisine « typique » est par excellence l'endroit où l'on simule une culture. En somme, on en revient à ce que l'on disait plus haut : la cuisine est aussi une zone de traduction mais, afin qu'elle ne présente aucun danger pour les deux parties, on mime une langue qui n'est ni celle de l'autochtone ni celle de l'étranger. Ce « pidgin » fonctionne à merveille, tout comme le langage qu'utilisent les touristes et les vendeurs de souvenirs pour communiquer entre eux. Et il serait stupide de souhaiter que tous les visiteurs maîtrisent parfaitement la langue du pays où ils se trouvent. Le concept même de « restaurant typique » est un concept mensonger, inventé à l'intention des touristes.

Le « typique » est un regard intérieur qui imite un regard extérieur, à l'usage du consommateur. Il se produit une aliénation de la cuisine quand une culture consent à abaisser son seuil de contact. Cette aliénation ne s'appuie pas sur l'universalité de la cuisine en question mais sur l'attrait qu'exerce son extrême particularité (fût-elle fallacieuse, sans rapport avec le pays d'origine). Le « typique » est toujours une caricature, une « extrémisation ». Le succès de quelques plats comme la pizza ou les pâtes va de pair avec une représentation théâtrale, exagérée et chargée de clichés, de la culture italienne. Mais les deux parties acceptent la simulation. À Hambourg, les fabricants de pizza feignent de préparer la pizza comme à Naples et les habitants de Hambourg feignent d'y croire. N'est-ce pas le début de la tolérance ? C'est ainsi qu'une jeune Américaine peut ouvrir à Venise un grand restaurant mexicain où l'on propose une cuisine mexicaine typique à des gondoliers enthousiastes. Et la réussite de certaines modes comme le Tex-Mex à Paris vient de ce que cette simulation a pris valeur de symbole. « Nous vous offrons la cuisine mexicaine, certes, mais revue et corrigée par de faux Texans. » Notons au passage que le phénomène a acquis une telle ampleur qu'il envahit en retour le pays d'origine. Si l'on se rend dans une pizzeria du bord de mer, à Catane, en Sicile, on s'aperçoit au bout d'un moment que les cuisiniers et le préposé aux pizzas sont des Tunisiens « travestis » en Siciliens. Pourtant, on aurait tort de ne voir là qu'un appauvrissement des cultures locales, une modernisation dégradante. De toutes les manifestations d'une culture, la cuisine est ce qui se prête le mieux à une simulation « concertée ». Dans une certaine mesure, il en est toujours allé ainsi, du moins depuis que les restaurants existent. Dans un restaurant, on ne peut pas saisir, concevoir la cuisine d'une autre culture, on ne peut que découvrir une zone de contact où quelqu'un (originaire d'une autre culture ou prétendu tel) met en scène un contexte. Pour un restaurant typique, le décor s'avère aussi important que le menu. Les restaurants chinois ont été les premiers à s'en rendre compte. Vous vous retrouvez sur une petite scène de théâtre où vous jouez à faire semblant, le temps d'une soirée, d'être « comme les Chinois », « comme les Portugais », « comme les Indiens » ou « comme les Arabes ».

La simulation sert à maintenir une convivialité entre des cultures différentes et contribue à une merveilleuse illusion : celle de croire que, en allant plus loin, on pourrait comprendre.

Traduit de l'italien par Isabelle di Natale

Sans pain ni vin

Martine Courtois

Les récits de voyage déçoivent souvent notre curiosité pour les cuisines du monde, dont ils parlent peu ou mal. Une petite anthologie peut cacher un bêtisier.

Souvenirs de voyage : au nord de la Chine, un jeune couple survivait depuis cinq jours en rationnant ses sandwichs au jambon, apportés de France, par crainte de s'empoisonner avec la nourriture locale ; dans une minuscule île grecque où l'unique *taverna* servait les poissons du coin, un groupe de Français avait posé sur la table, comme un drapeau triomphal, un pot d'un litre de moutarde Amora ; au pied d'une pyramide de Gizeh, un touriste clamait qu'il se taperait bien un steak-frites. Mais cessons de montrer du doigt nos contemporains, les récits des voyageurs anciens fournissent bien assez d'exemples de cette peur de l'autre et cette affirmation de soi à travers la nourriture. Et l'on sera indulgent pour la moutarde quand on saura qu'en 1909 Augusto Gilbert de Voisins, arrivé par le Transsibérien, pouvait offrir un pot de cornichons Bornibus à un Chinois de Si-ling (5, 1051)[1].

Les récits de voyage sont souvent décevants si l'on y cherche des informations sur les aliments et les cuisines étrangères. On peut comprendre que les premiers pèlerins en Terre sainte ou les premiers missionnaires en Chine aient eu des soucis plus spirituels, mais le silence des voyageurs médiévaux sur la cuisine chinoise est d'autant plus

1. Nos références indiquent le numéro de classement des ouvrages dans la bibliographie, p. 174, éventuellement le tome et la page.

curieux qu'ils ne manquent pas de décrire le régime hippophagique et lacté des Tatars. Et pourquoi aucun d'eux ne mentionne-t-il le thé ? Marco Polo, qui a pourtant vécu au loin vingt-cinq ans, désigne rarement des produits précis, à moins qu'ils ne soient connus en Europe : « Ils [les habitants du Sud-Sichuan] ont aussi du gingembre en abondance, de la cannelle et autres épices, qui oncques ne viennent en notre pays et pour cela il n'y a lieu de les mentionner » (19, II, 298). Et quand il raconte comment le Grand Khan boit rituellement « quand vient nouvelle viande », il coupe court : « D'icelle ne vous dirai rien, parce que chacun doit bien croire qu'en une cour si magnifique, elle est en immense abondance et de toutes sortes » (19, I, 228). On en apprend plus chez le Marocain Ibn Battuta, qui nomme les produits au lieu de parler comme Marco Polo de chair, oiseaux, poissons ou autres « choses pour vivre », et qui ne cache pas sa gourmandise, tout comme au XVIIe siècle, dans le Levant, le naturaliste Tournefort manifeste plus de curiosité que le marchand Chardin, ou comme, au XIXe siècle, un Théophile Gautier s'adonne à des expériences gastronomiques où ne se risque pas un Chateaubriand - lequel ne s'intéresse qu'à ce qui lui rappelle Homère ou la Bible.

À côté de ces silences qui déçoivent aujourd'hui notre curiosité, les mentions du pain et du vin tournent à la ritournelle. C'est presque une question de vie ou de mort. Robert de Clari, qui raconte la croisade de 1204, plaint l'armée « si pauvre » qu'elle n'a pas de pain, alors pourtant qu'elle a viande et vin à volonté (8, 112-113). De Quilon, au sud de l'Inde, Marco Polo note qu'on y a « de toutes choses nécessaires à corps d'homme pour vivre [...], fors qu'ils n'ont point de grain, si ce n'est riz seulement » (19, II, 463). Jean de Léry étonne les lecteurs du XVIe siècle en assurant que chez les sauvages du Brésil, « encore qu'ils n'aient blés ni vignes [...], on ne laisse pas pour cela d'y faire bonne chère sans pain ni vin » (16, I, 141). En Mingrélie, Chardin ne se satisfait pas des viandes et du vin qu'il lui arrive de trouver en abondance : « Je ne manquais que de pain » ; aussi troque-t-il de menues marchandises avec une dame : « Ce commerce me déplaisait, je l'entretenais néanmoins pour avoir du pain. » Bilan : « On peut penser en quelle inanition j'étais tombé en Mingrélie, durant trois mois, que je n'y avais pas eu de pain » (6, I, 185, 242).

Aussi désastreux semble le manque de vin. Le chroniqueur anonyme de la première croisade le range toujours parmi les choses de première nécessité, avec le blé, la viande et l'huile. Ogier d'Anglure, qui accomplit le pèlerinage en Terre sainte à la fin du XIVe siècle, fait provision de vin près de Bethléem pour traverser le Sinaï jusqu'à Sainte-Catherine (3, 408). D'Alexandrie, il note rapidement que l'on y voit de beaux remparts et jardins, mais s'étend sur les « fondiques » d'Européens où l'on « fine bien de bon vin » (3, 432). Et quand son bateau est surpris par la tempête entre Chypre et la Turquie : « Nous n'aviens pas tous nos aises, car nous aviens esté trois jours et plus sans boire vin, et si estoient failliz tous nos vivres... » Greffin Affagart, au XVIe siècle, emporte « vin, pain et autres choses qui faisoient besoing » (2, 55) dans tous ses déplacements au Proche-Orient. Il note que le vin coûte cher au Caire, et que « cela retarde beaucoup de chrestiens de y aller demourer, car ilz ne peuvent vivre sans vin » (2, 173). Il plaint les Arabes qui « vivent paourement et chétifement, car ilz ne boyvent poinct de vin ny autre breuvage que eaue pure » (2, 187), alors que l'on fait à Sainte-Catherine le meilleur vin du monde, si délicieux d'ailleurs que notre pèlerin, après en avoir goûté un jour de fête, se précipite à la messe pour en avoir encore... Longtemps après, en 1700, Tournefort subit les difficultés du campement à l'est de la Turquie : « Il fallut donc passer la nuit sans feu ni viande chaude ; nous n'avions pas même du vin de reste » (22, II, 241). Il voit parfois des vignobles mais, comme les Turcs vendent leur vin aux Arméniens, « après que la vente est faite on y mourrait faute d'en trouver la valeur d'un demi-septier » (22, II, 280). En juillet 1725, Peyssonnel se trouve en Algérie, où en cette saison on a surtout besoin d'eau, mais se plaint : « Je manquais de vin et d'autres provisions ; les chaleurs me fatiguaient » (18, 210).

Bénis soient les Anglais

Il faut donc emporter ses provisions parce que, explique Affagart, les pèlerins « ne trouvent pas les viandes [les nourritures] à leur appétit ou nature ». Pour aller à Jérusalem, il recommande de prendre à Venise du vin de Padoue, moins fort que ceux de Palestine, du pain frais pour une semaine, de la charcuterie, du fromage, et même du beurre (2, 27) ! Et si cher soit le vin du Caire, il en fait charger les chameaux pour aller à Sainte-Catherine. Nous n'aurions pas l'idée, aujourd'hui, d'emplir nos valises ou nos sacs de bouteilles de vin, surtout pour traverser un désert, mais les voyageurs, jusqu'à une date récente, n'ont pas craint de s'encombrer. Aussi Lamartine, à Beyrouth en 1832, peut-il faire défoncer une caisse de vins de France pour l'hôte qui lui offre un souper à l'européenne, et offrir du vin de Champagne au gouverneur égyptien (15, I, 118, 130). Nerval rencontre, sur le bateau de Beyrouth à Saint-Jean-d'Acre, un Marseillais qui régale la compagnie de saucisson d'Arles et de vin de Camargue (17, 403). Bien plus loin encore, Law de Lauriston, au milieu du XVIIIe siècle, trimbale des bouteilles de vin rouge dans le Boundelkhand, au nord de l'Inde, où les gens, n'ayant jamais vu d'Européens, l'accusent de boire du sang. Catherine-Fanny de Bourboulon et son mari, au milieu du XIXe siècle, ont un intendant qui, dans le désert de Gobi, leur sert « omelette, riz au naturel, jambon demi-sel, pâté de faisans, confiture de framboise, vin de Bordeaux et café » (5, 661) ! Brunet, au début du même siècle, est si mélancolique en Inde qu'il n'a parfois envie d'aucune nourriture ni boisson, excepté le vin de Bordeaux qui lui rend « une nouvelle vie » quand il en trouve (5, 308). Et il en trouve, car les bienfaits de la civilisation sont partout : Forbin se fait offrir du champagne à Damiette en 1818 (10, 196), on boit en Chine, outre le bordeaux, la plupart des vins et liqueurs d'Europe, et les pères du couvent de Nazareth peuvent combler les pèlerins du bon pain qui leur manque tant, mais aussi de chocolat d'Espagne (15, I, 241, 294).

Beaucoup de voyageurs n'ont rien à dire des cuisines locales parce qu'ils mangent à l'européenne. Ils emportent leurs provisions, mais aussi leurs cuisiniers, et quand ce sont des indigènes, ils les choisissent bien dressés. Comme le dit la comtesse de Gasparin, qui visite la Grèce en 1847 et ne supporte pas le « pain lourd », le vin résiné ni « les opérations passablement dégoûtantes au moyen desquelles on obtient ces résultats », « on ne saurait trop s'aider en Grèce des secours de la civilisation », en ressources et personnel (4, 218). Tournefort disait déjà que l'on peut faire un séjour agréable à Mykonos à condition d'emmener un bon cuisinier « car les Grecs n'y entendent rien » (22, I, 243). Charles Lavollée, arrivant en Chine en 1844, explique qu'à Macao ou à Canton, on peut engager des marmitons qui ont appris « les principes de la cuisine anglaise » et ont eu « le bon goût de rompre avec les traditions de la cuisine chinoise » (5, 447). Cinquante ans plus tard, une mission lyonnaise se réjouit de trouver à Chongqing toutes sortes de produits européens et un cuisinier, formé par les Anglais, qui leur paraît un Vatel « après toutes les chinoiseries » qu'ils ont dû avaler (5, 838).

À défaut d'aliments bien de chez soi, on peut au moins améliorer à sa façon l'ordinaire indigène. Par exemple, Tournefort trouve que le sorbet des Turcs, une infusion de raisins secs glacée à la neige, ne vaut même pas « la tisane de l'Hôtel-Dieu à Paris », et s'en fait un, hérétique, avec du vin de Crète (22, I, 89). Et le comte d'Hérisson apprécie les pastèques de Tien-Tsin, en 1860, à condition que le cuisinier les emplisse de madère, de champagne ou de kirsch (5, 557).

Heureusement, il y a partout des consuls et ambassadeurs, des couvents, ou des taverniers européens pour soigner le mal du pays. Et surtout, au XIXe siècle, bénis soient les Anglais ! Chateaubriand, ravi de trouver à Mistra, en Grèce, une « Auberge angloise » servant du roastbeef et du vin de Porto, reconnaît que le voyageur « a de grandes obligations aux Anglois » qui ont établi partout de bonnes auberges (7, 97). Car, explique Théophile Gautier, « en quelque endroit qu'un Anglais se trouve, il vit exactement comme s'il était à Londres ; il lui faut son thé, ses rumpsteaks, ses tartes de rhubarbe, son porter et son sherry s'il se porte bien, et son calomel s'il se porte mal. Au moyen des innombrables boîtes qu'il traîne après lui, l'Anglais se procure en tous lieux le *at home* et le *comfort* nécessaires à son existence » (12, 392). Nerval remarque aussi l'habitude de charger les canges, pour remonter le Nil, d'ustensiles et de conserves indispensables, pour assurer aux Anglais dans le désert « tout le confort de la vie *fashionable* » (17, 230). Que ce soit en Égypte, au Moyen-Orient ou en Chine, bien des voyageurs sont heureux de trouver, grâce aux Anglais, ces choses mangeables qui deviendront la cuisine internationale.

Car sans elle, pensent-ils, on n'aurait que de l'immangeable. D'abord, le pain et le vin, que les voyageurs cherchent partout en priorité, ne sont pas bons quand ils existent. Les autres ne savent pas faire, c'est une vieille évidence. Affagart ne craint pas de se contredire en affirmant qu'au Caire on mange « le pain le meilleur qui soit en ce monde, mays mal boullengé » (2, 173). Chardin juge « excellent » le vin de Mingrélie tout en regrettant que les gens ne sachent pas le faire comme nous et « n'y apportent aucun des soins nécessaires » (6, I, 146). Et, au XIXe siècle, Charles Cottu reconnaît que les vins de Rhodes sont « justement estimés », mais prétend que ces

« ignorants vendangeurs » ne savent ni cultiver la vigne ni faire le vin (4, 342). On ne peut avancer un compliment sans le corriger aussitôt d'une critique, puisqu'il va de soi que seuls les Français s'y connaissent en pain et vin. Passons donc sur les critiques moins tempérées, et trop nombreuses, à l'égard du pain franchement immangeable des Arabes, ou de toutes les bouillies, nourritures (riz, manioc, etc.) ou boissons fermentées que les voyageurs s'obstinent à considérer non pas en elles-mêmes, mais comme de fâcheux substituts des indispensables pain et vin.

Pour le reste, rares sont les hommes assez curieux de l'altérité culinaire pour ne pas tout mesurer à l'aune de leurs propres mœurs. Les explorateurs médiévaux qui se sont aventurés jusqu'en Chine n'ont pas encore les préjugés des hommes du XIXe siècle, et décrivent leurs découvertes sans les jugements hostiles que l'Occident se permettra plus tard, mais ils ne relèvent que ce qui s'oppose spectaculairement à leurs habitudes, les viandes que l'on ne mange pas chez eux, comme le cheval ou le chien, ou la viande crue qui les étonne souvent. Cependant, comme ils ne disposent pas encore d'auberges anglaises, ils goûtent de tout, au risque d'être « tout en sueur, sous le coup de l'horreur et de la nouveauté », comme Guillaume de Rubrouck à son premier *koumis* (lait de jument fermenté), que néanmoins il finit par apprécier (5, 24).

Mais plus on avance vers le XIXe siècle conquérant, plus les Européens montrent leur intolérance. Et ils le font même entre eux, y compris avec des nourritures inoffensives comme le menu de courges, concombres, poissons salés, fromages de chèvre et pastèques qu'Eugène de Vogüé mange au mont Athos, en 1875, et qu'il juge « éminemment hostile à des estomacs européens » - ce qui exclut le mont Athos de l'Europe et le concède aux Turcs (4, 236). Théophile Gautier lui-même, l'un des plus ouverts parmi les gourmets du temps, trouve les jattes de ratatouille turque « peu appétissantes pour un estomac parisien » (11), et commente ainsi la recette du gaspacho : « Chez nous, des chiens un peu bien élevés refuseraient de compromettre leur museau dans une pareille mixture » (12, 306). Mais il n'atteint jamais la violence de George Sand, qui « risque sa vie à chaque morceau » de la cuisine espagnole, où les mets d'apparence chrétienne sont en fait « des drogues infernales cuites par le diable en personne » à force d'ail, de poivre, de piment et « d'épices corrosives de tout genre », sans compter « l'huile nauséeuse » et l'absence de beurre (21, 138-139).

Alors le voyageur meurt de faim devant des tables abondantes, comme la comtesse d'Aulnoy en France à la fin du XVIIe siècle : « ... tout était si plein d'ail et de safran et d'épices que je ne pus manger rien », ou chez la reine à Tolède : « J'étais à cette table comme Tantale mourant de faim sans pouvoir manger » (13, 163-164). C'est pire encore avec les cuisines exotiques. Et le jésuite Antoine Gaubil, reçu au palais impérial de Pékin en 1727, reste modéré quand il dit que « ce sont de ces repas magnifiques où un Européen meurt ici de faim », parce que ni le vin ni les mets ne sont de son goût (5, 219). Un siècle plus tard, le ton est bien plus virulent. Les dîners chinois les plus somptueux sont « une affreuse chose, un affreux souvenir, pour des estomacs européens » ; « aliments inconnus », « sinistres mélanges » et « poisons indigènes » concourent à ce « supplice gastronomique » (5, 637). Le comte de Beauvoir, invité par le gouverneur de Hongkong en 1867, reproduit tout le menu du festin et commente : « Il me semble qu'avec un pot de gélatine, des abattis de volaille, des balayures de la boutique d'un droguiste, et un fond de tiroir de pharmacie, j'arriverais à vous reproduire, à mon retour, l'ensemble antigastrique qui s'appelle un dîner purement chinois » (5, 1105).

Les Français n'avoueront pas sans réticence que la cuisine chinoise vaut mieux que ces caricatures. C'est qu'au-delà des simples habitudes alimentaires, la fierté nationale est en jeu pour un pays qui considère sa propre cuisine comme une preuve de haute civilisation. En comparaison, l'Autre ne peut connaître que sauvagerie ou barbarie. Et sans même parler de cuisine, le test du vin suffit à distinguer le civilisé de tous les autres. On retrouve ce stéréotype ancien jusque chez Danièle Sallenave qui, à Split, regarde avec mépris une troupe de jeunes et bruyants sportifs qui ont tous commandé du Pepsi ou du Sprite : « Est-ce pour cela qu'ils font tant de bruit ? Je n'arrive pas à savoir en quelle langue. Un être civilisé, lorsqu'il ne boit pas de vin, boit de l'eau » (20, 104)...

On disait au XVIIe siècle, d'un grand voyageur : « il a mangé de plus d'un pain ». Pour beaucoup, cela n'a pas été sans dédain ni dégoût... surtout quand ils n'ont pas trouvé de pain.

Martine Courtois

Des goûts et dégoûts

Paul Rozin

Pourquoi éprouve-t-on de l'aversion pour certains aliments ? Répondre à cette question, c'est aussi comprendre comment se constituent les territoires de l'appartenance et de l'altérité, culturelles autant que culinaires.

Pour les êtres humains, la nourriture est à la fois la seule source de nutriments et un fréquent vecteur de toxines et de micro-organismes toxiques, une source de plaisir ou, le cas échéant, de peur et de dégoût, le fondement d'expériences esthétiques, et, enfin, un support privilégié de la vie en société et des conduites de distinction sociale. En outre, dans certaines cultures, comme chez les Hindous, elle est aussi une substance morale. Ces fonctions et valeurs multiples se conjuguent pour faire de l'alimentation un élément essentiel de la vie humaine, qui renvoie à des valeurs à la fois très positives et très négatives.

C'est la raison pour laquelle les hommes ont souvent une attitude ambivalente à l'égard de la nourriture : en mettant quelque chose dans sa bouche et en l'avalant, on l'absorbe, on l'intègre à soi. Il est généralement reconnu que l'on adopte certaines propriétés de ce que l'on ingurgite (*You are what you eat*, Nemeroff & Rozin, 1989[1]). Les propriétés nutritionnelles, organoleptiques et sociales positives de certains aliments peuvent, dans des conditions

1. Sur ce thème, voir *Manger Magique*, Autrement, série Mutations/Mangeurs, n° 149, novembre 1994 (NDLR). Toutes les références bibliographiques sont développées p. 175 et *sq*. du présent ouvrage.

données, améliorer notre santé et notre nature, de même que des propriétés négatives peuvent faire exactement l'inverse. D'une façon générale, on aime certains aliments, on en déteste d'autres, et l'on est rarement neutre vis-à-vis de ce que l'on ingurgite. Les gens, souvent, adorent leurs aliments habituels et détestent la nourriture des autres... peut-être aussi croient-ils qu'elle est dangereuse et dégradante. La familiarité à l'égard d'un aliment semble un facteur déterminant dans le fait qu'on l'apprécie ou non, et les aliments étranges ou inconnus sont toujours considérés avec suspicion car on ne sait pas quoi en attendre du point de vue du goût et des conséquences physiques et sociales de leur ingestion.

Pour toutes ces raisons, il n'est peut-être pas étonnant que l'une des récriminations les plus courantes qu'expriment les parents d'enfants américains d'âge préscolaire est que ces enfants mangent des aliments très peu variés (Bakwin & Bakwin, 1972). Cette réduction de la variété, accompagnée d'une méfiance vis-à-vis des autres aliments, va souvent de pair avec le grand plaisir qu'ils éprouvent à consommer leurs aliments favoris ; cette attitude n'est généralement pas liée à la maigreur ou à l'anorexie. Un phénomène comparable peut être observé chez certains adultes américains (Rozin, 1989), et se produit fréquemment lorsque les gens vont à l'étranger. Bien que l'on ne dispose pas de données à ce sujet, je suis sûr que de nombreux Américains voyageant en Asie ou au Moyen-Orient ne mangent que de la nourriture américaine et/ou internationale dans les restaurants des bons hôtels. Ils redoutent la cuisine étrangère qui les déstabilise. Les enseignes rouges des MacDonald's sont ainsi les bienvenues parce que, incarnant une forme de sécurité, elles sont rassurantes.

Je tenterai ici d'analyser et de classer les réactions humaines envers la nourriture, en m'attachant tout particulièrement à décrire ce que sont, en matière de cuisine, le rejet de la nourriture et le dégoût.

La nature du rejet

Sur la base d'un questionnaire et de résultats d'entretiens conduits principalement auprès d'Américains, April Fallon et moi-même avons élaboré une taxinomie des aliments acceptables pour les êtres humains. Cette taxinomie est établie en fonction de variables psychologiques, contrairement aux classements traditionnels fondés sur le contenu physique des aliments (voir Rozin & Fallon, 1980 ; Fallon & Rozin, 1983 ; et Rozin & Fallon, 1987, pour un résumé de ces études).

Les catégories psychologiques du rejet valent, estimons-nous, pour toutes les cultures, même si les aliments constitutifs de chaque catégorie peuvent varier d'une culture à l'autre. Nous pensons qu'il existe trois types de motivations en fonction desquelles on accepte ou l'on rejette tel ou tel aliment. Le premier est d'ordre sensoriel-affectif : l'acceptation ou le rejet fondé sur les propriétés sensorielles de la nourriture (goût, odeur, consistance et apparence). La seconde porte sur les conséquences anticipées de ce que nous croyons être le résultat de l'ingestion, et s'articule essentiellement sur les effets physiques : nutritifs ou toxiques. Une troisième motivation, propre à l'être humain, est liée à ce que nous connaissons des origines de l'aliment en question. Ces trois motivations, conjuguées de diverses façons, donnent naissance à ce que nous pensons être les quatre catégories psychologiques du rejet de la nourriture.

L'aversion concerne des aliments rejetés avant tout du fait de leurs propriétés sensorielles négatives. On considère généralement que ce sont des aliments inoffensifs ou bénéfiques, acceptables sur le plan de leur nature ou de leur origine. Beaucoup de gens rejettent les mets trop épicés ou trop amers, et le font sur la base de l'aversion. La plupart des aliments qui entrent dans la catégorie de l'aversion sont des aliments acceptables dans une culture donnée, mais que certains individus appartenant à cette culture n'aiment pas : par exemple, dans la cuisine occidentale, les salsifis, les choux de Bruxelles ou l'huile de foie de morue. Tous ces aliments sont acceptables, mais certaines personnes n'apprécient pas leurs propriétés organoleptiques.

Les aliments dangereux sont rejetés avant tout parce que l'on craint les conséquences de leur ingestion, et en particulier les effets toxiques de telle ou telle substance contenue dans l'aliment incriminé. Cela peut concerner des nourritures nocives pour l'homme en général, comme certains champignons vénéneux, ou pour certains sujets allergiques, par exemple à l'ananas. En outre, les gens qui suivent un régime amaigrissant considèrent souvent comme dangereux les aliments très caloriques tels que les pâtisseries, et les rejettent en tant que tels.

Les substances incongrues font, elles, l'objet d'un rejet idéel, c'est-à-dire qu'elles ne sont tout simplement pas considérées comme de la nourriture. Le sable, l'écorce, la plupart des feuilles et le plastique en sont des exemples courants. Ces substances peuvent très bien n'avoir aucune propriété sensorielle indésirable et n'être pas dangereuses pour la santé, mais elles n'entrent tout simplement pas dans la catégorie des aliments.

Il existe une dernière catégorie de rejet, c'est le dégoût. Les substances dégoûtantes sont rejetées surtout pour des raisons idéelles, du fait de leur nature ou de leur origine. Toutefois, contrairement aux substances incongrues, les substances dégoûtantes sont perçues comme étant mauvaises au goût (même s'il est rare qu'on les goûte effectivement), et souvent dangereuses. Ce qui est incongru reste inoffensif, alors que ce qui est dégoûtant est perçu comme nocif. Les produits du corps, les animaux bizarres, les aliments putréfiés appartiennent à la catégorie des substances dégoûtantes dans la plupart des cultures. Remarquons toutefois que, bien que les substances dégoûtantes soient souvent perçues comme mauvaises au goût et dangereuses, leur propriété principale reste leur agressivité idéelle. Les vers de terre frits sont sans doute très nourrissants, et auraient peut-être « bon goût » si on les dégustait sans savoir ce que l'on mange, mais le simple fait de le savoir les rend immédiatement immangeables.

Bien entendu, dans toutes les cultures, de nombreux aliments appartiennent à plusieurs catégories à la fois, mais il n'en reste pas moins que nombreux sont ceux qui entrent dans une seule catégorie ; notre taxinomie permet, même dans les cas hybrides, de mettre en lumière les composantes psychologiques de la nourriture.

On peut distinguer l'aversion du dégoût et du sentiment de danger en posant la question de savoir si la présence de telle ou telle substance dans l'estomac, c'est-à-dire sans passer par la bouche et le sens du goût, est considérée comme acceptable. Les substances dangereuses et dégoûtantes sont, bien sûr, totalement indésirables à l'intérieur du corps, alors que ce qui a simplement mauvais goût peut être acceptable pourvu que l'on puisse faire l'économie de ses propriétés organoleptiques. En outre, si nous sommes généralement réticents à l'idée de consommer un aliment attrayant dès lors que l'on sait qu'il contient une substance dangereuse ou dégoûtante, fût-ce en quantité infime et indiscernable au goût, nous ne sommes pas rebutés si la substance en question est simplement désagréable au goût, si on ne la sent pas.

La distinction fondamentale entre la répulsion et le danger est liée à la nature de l'atteinte. Schématiquement, on peut dire que le danger correspond à une atteinte potentielle du corps (par des toxines ou des micro-organismes pathogènes), alors que le dégoût correspond à une atteinte potentielle de soi, de l'âme.

La nature du dégoût

Le dégoût vis-à-vis des aliments est une réaction particulièrement intéressante à étudier pour plusieurs raisons. Il semble être la réaction la plus forte que l'on puisse éprouver à l'égard de la nourriture, et être limité à l'espèce humaine. La répulsion, ou dégoût, est considérée depuis longtemps comme l'une des quelques émotions de base (Darwin, 1872 ; Ekman, 1971) et intervient donc dans de nombreux domaines autres que l'alimentation. Enfin, comme nous allons le voir, le dégoût s'inscrit dans le cadre des échanges interpersonnels car il concerne les réactions envers la nourriture des autres.

Les ouvrages classiques sur le dégoût sont l'œuvre de Darwin et d'Angyal (1941). Ces deux savants le considèrent d'emblée comme une émotion liée à la nourriture.

Nous décrirons le dégoût à partir d'une définition donnée par Angyal, comme « la répulsion à l'idée de l'incorporation (buccale) d'un objet agressif. Cet objet a des propriétés contaminantes ; s'il touche un aliment par ailleurs acceptable, il rend ce dernier inacceptable ». La base idéelle de ce pouvoir d'agression lie le dégoût, tel qu'il est décrit dans cette définition, au dégoût comme catégorie de rejet de la nourriture.

Le dégoût a selon nous pour origine une catégorie de rejet de la nourriture qui apparaît chez l'homme entre cinq et huit ans. Il est précédé par l'apparition des catégories de danger et d'aversion, et peut dériver de ces deux dernières (Rozin, 1990c).

Angyal suggère d'emblée que le dégoût a pour objet central les excréments et autres produits du corps. Il soutient également, à notre avis à juste titre, que presque tous les objets de dégoût, quelle que soit la culture, ont une origine animale. Nous avons suggéré que la catégorie du dégoût porte foncièrement sur tous les aliments d'origine animale (Rozin & Fallon, 1987). Les êtres humains sont perturbés et éprouvent un sentiment d'ambivalence devant l'ingestion de produits animaux, peut-être parce que, en vertu du principe « on est ce que l'on mange », ils ne souhaitent pas assimiler des propriétés animales. Le fait est que l'un des thèmes principaux de l'ethnographie de nombreuses cultures est précisément la distinction entre les humains et les animaux, laquelle est mise en relief et établie le plus radicalement possible.

À cet égard, l'acte agressif qu'est l'ingestion d'animaux est compensé, en un sens, par l'attrait sensoriel et la grande valeur nutritive de la nourriture animale. La viande est à la fois l'aliment le plus apprécié et le plus tabou, dans toutes les cultures. La plupart des sociétés font des exceptions à la règle qui lie le dégoût à la viande, et valorisent fortement une gamme très restreinte de nourritures animales. Ces aliments, toutefois, sont souvent préparés de façon à masquer leur origine. Même les sociétés où l'on consomme beaucoup de viande, comme en Europe du Nord, ne considèrent comme comestible que la chair d'une très petite minorité de toutes les espèces animales possibles (quelques mammifères, à l'exclusion, en général, des deux grandes familles que constituent les chiroptères et les rongeurs). Et de nombreuses parties des animaux, telles que les yeux, sont souvent considérées comme répugnantes. En règle générale, les animaux soit très proches de l'homme, soit très éloignés, sont considérés comme dégoûtants, de même que les animaux qui se nourrissent de matières en putréfaction ou les animaux carnivores. La putréfaction et l'odeur de la putréfaction comptent parmi les premiers facteurs de dégoût. Les produits animaux sont beaucoup plus enclins à la putréfaction que les végétaux.

La contamination est un facteur de dégoût particulièrement intéressant et important. Avec elle, en effet, le dégoût dépasse le cadre d'une seule substance et s'étend à des objets qui ont été en contact avec des substances dégoûtantes. Ainsi, des aliments entrés en contact avec des vers ou des insectes ou bien, comme nous allons le voir, avec des personnes « indésirables » deviennent à leur tour dégoûtants. Le principe de la contamination se conjugue avec l'idée que l'« on est ce que l'on mange » (Rozin, 1990b) pour élargir considérablement le champ du dégoût.

La contamination est un exemple de ce que Tylor (1879-1974), Frazer (1890-1959) et Mauss (1902-1972) ont décrit comme les lois de la magie sympathique. La loi de la contagion, qui comprend la contamination, postule qu'« un seul contact équivaut à un contact permanent » (voir Tambiah, 1990 ; Rozin & Nemeroff, 1990, pour des détails et des commentaires plus contemporains de ces lois). Ainsi, si un cafard a touché de la purée de pommes de terre, la purée se trouve « cafardisée ». Selon la loi de la contagion, un contact, si bref soit-il, avec une entité dégoûtante rend l'objet touché dégoûtant pour toujours. Ce concept de contagion ou de contamination, dans le contexte des objets décrits ici, nous renvoie au concept de pollution décrit par Mary Douglas (1966) et à sa thèse selon laquelle l'idée sous-jacente de « matière intempestive » *(« matter out of place »)* est fondamentale dans le concept de pollution.

Les facteurs de dégoût, tels qu'ils apparaissent dans un certain nombre de cultures différentes, incluent bien des éléments qui dépassent le cadre des aliments d'origine animale. Les plus courants renvoient à notre origine animale (et aux propriétés que nous partageons avec les animaux, dont le fait de manger, d'excréter, d'avoir un corps intérieurement baigné de sang, et de mourir), à certaines catégories d'autres humains - indésirables ou étranges -, et à certains types d'atteintes à la morale - violences à l'encontre des enfants, par exemple (Rozin, Haidt & McCauley, 1993 ; Haidt, McCauley & Rozin, 1994). Le dégoût interpersonnel (vis-à-vis d'une autre personne) peut se manifester comme une réaction de répugnance à l'idée de porter le vêtement ou de partager la nourriture de l'autre indésirable, le cas échéant de l'étranger. Nous observons, par exemple, que de nombreux Américains évitent de porter des vêtements usagés parce qu'ils ressentent la présence d'un inconnu « dans » ces derniers (Rozin, Marwith & McCauley, 1994).

Préparer, toucher, partager

L'approvisionnement et la préparation de la nourriture entraînent un contact entre les hommes et les aliments. Si les personnes intervenant dans ce processus sont étrangères ou indésirables (à savoir d'une classe sociale inférieure, moralement douteuses ou, simplement, peu avenantes), les aliments avec lesquels elles sont en contact deviennent contaminés et, par conséquent, dégoûtants et inacceptables. Chez les Huas de Papouasie-Nouvelle-Guinée (Meigs, 1984), les « essences » des personnes présentes dans les aliments, provenant du contact au cours de la pêche ou de la chasse et de la préparation, ont une grande influence sur ceux qui les absorbent. Si quelqu'un entretient une relation positive avec le consommateur, par exemple s'il s'agit d'un membre de sa famille, l'ingestion de la nourriture sera bénéfique ; si, au contraire, le même aliment a été touché par une personne négative, cela sera néfaste pour le mangeur. En outre, les Huas croient que la féminité se transmet par la nourriture lorsque celle-ci passe entre les mains de femmes fertiles ; pour cette raison, les aliments entrés en contact avec une femme sont interdits aux adolescents, dont le développement serait entravé par cette « essence » féminine. On voit donc que le monde de la nourriture est pour les Huas dangereux, et chargé d'essences potentiellement néfastes.

L'exemple des Hindous, qui concerne plus d'un demi-million de personnes, est encore plus révélateur de ce phénomène de contagion interpersonnelle entraînant le dégoût. La nourriture en Inde a été décrite comme une substance « biomorale » (Appadurai, 1981). En vertu du principe de contagion interpersonnelle, les transactions alimentaires constituent l'une des principales manifestations de la structure de caste de la société hindoue et l'un des grands facteurs de son maintien en place (Marriott, 1968). La nourriture touchée et, plus encore, préparée par des personnes de caste inférieure est polluée, et ne doit pas être consommée. Le fait que la source de cette aversion est bien le dégoût et non le danger ressort clairement lorsque l'on sait que ce n'est pas tant le contact avec un aliment cru qui rend ce dernier inacceptable, que sa préparation et sa cuisson par une personne de statut inférieur. La nourriture cuisinée, en effet, si elle résulte d'un contact « interpersonnel » plus prononcé, risque beaucoup moins d'être contaminée par un agent toxique. Les distinctions établies par les Hindous en ce qui concerne le potentiel de pollution (contamination) des aliments et de leurs récipients, qui intègrent toutes l'idée que les principaux agents de pollution sont d'autres êtres humains, témoignent du rôle central que joue le dégoût interpersonnel en Inde, et de ses rapports étroits avec la nourriture et la cuisine.

Il convient d'observer une autre dimension importante à la fois de la contagion et du dégoût, à savoir qu'ils forment une tendance négative : le dégoût n'a pas de contraire clair et généralisé. Il arrive que l'on éprouve un goût marqué pour un aliment pour des raisons idéelles, mais il s'agit d'un phénomène beaucoup moins puissant et moins répandu que la contamination négative. S'il est important de partager un repas avec sa famille et ses amis pour établir ou confirmer la cohésion (en Inde et ailleurs), ce sentiment positif est souvent mitigé par la perspective de partager la nourriture d'un ennemi, ou d'une personne de caste inférieure.

La cuisine des autres pays incarne également cette nourriture concoctée et manipulée par d'« autres ». La familiarité, c'est nous, et la nouveauté, c'est « eux ». Le rejet fréquent de la cuisine étrangère est sans doute le résultat à la fois de la crainte (danger) devant la composition d'aliments inconnus, de la répulsion (dégoût) envers la nature de ces aliments, et du fait qu'ils ont été préparés par un « autre » pour le moins étrange et inconnu et lui sont associés. Souvent, en vertu de cette étrangeté, cet autre, différent de « nous », peut prendre des propriétés négatives et les transmettre à la nourriture. Si, déjà, un bon nombre d'Américains se refusent à porter le pull-over d'un inconnu, fût-il parfaitement nettoyé, que dire alors de la nourriture d'un étranger ?

Le sentiment de confort et de satisfaction associé à sa nourriture familière est extrêmement important. Il s'illustre dans ce que l'on appelle le conservatisme culinaire. Les groupes d'immigrés, même après de nombreuses générations, tendent à consommer et à préférer encore la cuisine de leur pays d'origine, alors même que la plupart des autres aspects de leur culture se sont estompés. Même lorsque la cuisine de leur pays d'accueil est acceptée dans la vie de tous les jours, dans certains cas, comme cela a été démontré avec des Américains d'origine italienne, la cuisine d'adoption et la cuisine d'origine ne sont pas consommées au cours d'un même repas, et le repas principal, à savoir le déjeuner du dimanche, est consacré à la cuisine de « là-bas » (Goode, Curtis & Theophano, 1984).

E. Rozin (1982) a observé que la plupart des gastronomies du monde ont un ensemble d'arômes caractéristiques (principes des arômes) qui accompagnent la plupart des mets. Par exemple, la sauce de soja, le gingembre et l'alcool de riz dans la cuisine chinoise (auxquels s'ajoutent des épices régionales), ou le piment rouge, le citron vert et la tomate pour les plats mexicains. On a émis l'hypothèse que ces principes d'arômes auraient pour but, entre autres, de donner une signature commune aux mets d'une culture donnée, un signe d'appartenance indiquant ce qui est « à soi » (Rozin & Rozin, 1981).

J'ai tenté, dans cet article, d'évoquer l'importance des idées de familiarité, de danger, de dégoût et de contamination pour l'acceptation et la compréhension de la cuisine des autres. Certes, nous sommes convaincus que ces facteurs façonnent nos réactions vis-à-vis de la nourriture, mais il n'en reste pas moins que d'autres forces, parfois contraires, sont à l'œuvre. Par exemple, certaines personnes, en particulier dans les milieux cultivés des sociétés occidentales, recherchent des nourritures nouvelles et différentes. Ces tendances « néophiles » sont liées d'une part au degré d'identité et de satisfaction envers sa propre cuisine et sa propre culture ; d'autre part aux désirs d'expériences nouvelles et stimulantes, qui varient selon les individus d'une même culture (Zuckerman, 1979) ; et, enfin, à la sensibilité au dégoût et à la contamination.

Ces propos posent des questions plutôt qu'ils n'y répondent. C'est là pour nous une manière de contribuer de façon stimulante aux idées et aux recherches menées dans ce domaine[2].

2. Une partie des recherches sur lesquelles s'appuie cet article a reçu le soutien de la John D. & Catherine T. MacArthur Foundation et de la Whitehall Foundation.

Paul Rozin

Voyages des aliments

Suzanne Cervera

Du Nord vers le Sud : ainsi vont les grands flux économiques et technologiques mondiaux, tandis qu'une bonne partie des flux culturels se déplacent en sens inverse. Que cherchent les Occidentaux dans les cuisines du monde qu'ils appellent à leur table ?

Quelle est la place de la cuisine au cœur des flux qui semblent inéluctablement uniformiser la planète ? Quel rôle joue-t-elle dans les rapports Nord-Sud ? Ne semble-t-elle pas - l'exotisme des nouvelles enseignes culinaires est là pour le prouver - conquise par les Suds qui imposent pacifiquement la variété de leurs recettes quand le Nord dominant leur dicte ses conditions économiques ? N'est-ce pas l'éternelle histoire du conquérant vaincu par sa conquête, du cavalier mongol assouvi par le raffinement chinois, du Romain couché à la table de l'Orient, qui recommence ?

En fait rien n'est plus fluctuant que la cuisine. L'alimentation de base se fonde sur l'utilisation du milieu naturel par une société humaine. La cuisine est ce plus qu'apporte le cuit au cru, un « langage » que pratique le groupe et dont le « vocabulaire » révèle la singularité, les habitudes, les rapports sociaux, mais aussi la créativité et l'adaptabilité de ses membres. En effet, l'homme est un omnivore et goûte particulièrement la variété. Son intelligence et son pragmatisme lui font s'approprier les nouveautés alimentaires et pratiques qui rendent l'alimentation plus agréable, plus saine et plus facile. La « carte » actuelle des modes alimentaires et des cuisines reflète l'élargissement de la connaissance au monde entier, par le jeu des découvertes, des impérialismes et des échanges. Il se trouve que cette connaissance s'est faite essentiellement par le Nord et au profit de ce dernier.

L'humanité, en petits groupes autarciques, a d'abord assuré sa survie en maîtrisant des milieux différents, et de difficultés inégales. La domestication des espèces animales, puis végétales locales a permis l'usage d'un certain mode d'alimentation. Celui-ci s'est peu à peu modifié au gré des conquêtes d'espaces conjoints, puis des découvertes d'espaces plus lointains et des impérialismes. Jusqu'à la seconde moitié du XIXe siècle, la rapidité des évolutions a été fonction de celle des transports et des échanges ; le sens allait de l'espace dominé ou découvert au conquérant ou à l'inventeur.

Ainsi l'Europe, relativement pauvre après les glaciations en espèces animales et végétales, a-t-elle pu s'enrichir au contact des populations méditerranéennes et caucasiennes venues par le sud ou la vallée du Danube et amenant aussi bien le mouton que le bœuf et ses laitages, le blé, les pommes, la courge. La cuisine romaine, relativement limitée aux soupes de légumineuses - fèves ou pois chiches -, à très peu de viande, au poisson, aux galettes de céréales, et à l'usage parfois abusif, même sur la viande, du garum - un condiment à base de poisson séché - s'est ainsi enrichie au double contact des mondes barbares au nord, de l'Orient au sud et, à l'est, de la Méditerranée, laitages, fromages frais et de garde, charcuterie gauloise d'une part, parfums et épices, fruits et légumes de l'autre. Déjà, l'intensité du commerce maritime en Méditerranée favorise les échanges et fait naître des besoins : Caton montre une figue fraîche aux sénateurs romains pour révéler l'imminence et la proximité de la menace carthaginoise. Déjà, la présence des esclaves et affranchis, originaires des « périphéries » de l'Empire romain, et des « Suds » de l'époque, induit une puissante demande locale, du fait de la mode et de la curiosité des maîtres pour les innovations de leurs cuisiniers.

Cheminements

L'éventail culinaire s'élargit aussi lorsque la conjoncture est bonne, car les produits nouveaux sont rares et chers. Le haut Moyen Âge se caractérise par un repli sur soi, un retour à l'autarcie et à une cuisine fruste et lourde dont les fondements sont la viande rôtie pour les riches, avec des sauces fortes et épicées, et les bouillies de céréales, seigle ou épeautre pour les pauvres. La reprise des échanges élargit l'alimentation, mais toujours dans le sens sud-nord. Les régions qui bénéficient d'une grande diversité climatique ou d'interfaces culturelles jouent le rôle de pionnières : le Moyen-Orient, novateur depuis la Préhistoire (domestication des animaux et des céréales, premiers récipients culinaires qui révèlent des mijotages au coin du feu), continue de jouer ce rôle grâce aux recherches de ses jardiniers, botanistes de talent, que favorise la chaleur humide des oasis bien irriguées. Le choix de légumes et de fruits, le raffinement des condiments expliquent la fascination des Croisés que des épouses d'origine locale eurent vite fait de convertir à l'usage des desserts sucrés en fin de repas et aux sorbets à la neige du Liban. Par les chemins de la conquête arabe, des pèlerinages, des Croisades et du commerce, la cuisine de l'Orient chemine vers l'Italie et l'Espagne, véhiculant en même temps les influences de l'océan Indien et de la Chine. À l'époque de la Renaissance, la France se trouve géographiquement et politiquement à la croisée des chemins. Les cuisines du Nord, plus riches en viande et en laitages, y rencontrent l'Orient et la Méditerranée que les reines Médicis apportent en dot via l'Italie, avec les pâtes chinoises devenues italiennes, le goût des douceurs, des cuissons plus mijotées.

Après les rudesses climatiques du temps de la grande peste, la population européenne augmente. Les besoins alimentaires se font plus grands, ainsi que la curiosité des mondes nouveaux que stimule la cupidité. Les grandes découvertes ont pour prétexte le contrôle de la route des épices. À son tour, après l'Asie puis l'Afrique, l'Amérique met à la disposition de l'Europe l'éventail de ses productions végétales. Les autres continents avaient surtout apporté fruits, légumes, condiments et savoir-faire. Les légumes et les « coupe-faim » végétaux marquent l'apport américain ; le maïs, la pomme de terre vont peu à peu barrer la route à la famine en Europe, qui connaîtra la dernière grande alerte en 1847 lors de la maladie de la pomme de terre. À partir de la seconde moitié du XIXe siècle et jusqu'en 1914, l'Europe domine nettement le monde par le jeu des impérialismes. L'évolution des techniques (conservation, réfrigération) et les progrès des transports facilitent les échanges. Pour l'Occident, le spectre de la famine s'éloigne. Le « cuisinier » européen ou nord-américain nanti fait son marché dans le monde entier. La Seconde Guerre mondiale, si elle rompt une partie des courants commerciaux, met de nouveau l'accent sur l'importance du bien-manger et prépare esprits et estomacs au luxe des « trente glorieuses ». La hausse extraordinaire des niveaux de vie occidentaux, l'accessibilité des contrées les plus reculées de la planète, les progrès biologiques et techniques rendent dès lors tout possible en matière d'alimentation et de cuisine.

L'humanité est partie du berceau africain pour occuper toute la planète. Par un retour surprenant, les hommes témoignent depuis d'une curiosité jamais assouvie envers tous les « Suds ». Terreur au moment des « invasions barbares », sentiment de supériorité des uns, réticence de principe de certains devant les métissages cèdent du terrain devant la gestation d'une culture des mélanges.

La mode exotique que reflètent les brochures des voyagistes embrasse aussi l'art culinaire. Des Antilles au Viêt-nam, de l'Afrique au monde arabe, des recettes étranges viennent évincer jusque dans l'intimité des foyers ce reflet consacré du moi profond, du terroir et de l'identité nationale. La gastronomie française elle-même, art majeur, doit laisser une place à cet afflux de parfums et de couleurs. Point de tentation protectionniste, ou presque pas, devant cette conquête pacifique des goûts par le Sud.

Le bon sauvage

Ce succès exprime quelque chose de plus profond qu'une curiosité blasée pour de nouvelles saveurs. Privés par la « civilisation » de la lutte pour la vie dans ses formes primitives, les hommes d'aujourd'hui cherchent inconsciemment à s'inscrire dans la chaîne, à se ressourcer. Aujourd'hui, leur rapport avec le monde animal libre n'existe plus. Les cuissons au feu de bois d'Amérique ou d'Afrique, que veulent imiter les « barbecues », font d'eux des chasseurs du paléolithique, dansant autour de proies durement capturées, dans des odeurs de viande grillée que les techniques du froid et la génétique font tendre, et de bonne conservation... Ils se muent en éleveurs devant les laits aigres d'Orient, les beurres avec garantie de fraîcheur des couscous touaregs, les « nouveaux » fromages qui ne sont souvent que des variantes pasteurisées de recettes mongoles ou turques. Les *chorbas* et les potages aux herbes parfumées, déjà associés aux rivages proches de la Méditerranée, en font des cueilleurs et des sorciers. Les femmes des temps anciens les mijotèrent au coin des braises, dans les grossières et primitives poteries que veulent évoquer les grès artisanaux ou les fontes émaillées plus industrielles. Les légumes insolites et colorées des Suds, des tomates aux aubergines, des courgettes aux poivrons, ont conquis assez tard nos marchés du Nord, stimulés par les coloniaux qui, après les indépendances, ont répandu la mode des plats espagnols ou maghrébins. L'agriculture industrielle s'empresse de répondre à cette demande : serres, culture hors sol, génétique, techniques de conservation ont banalisé ces raretés, affranchies désormais de la saisonnalité.

Ne voit-on pas le consommateur français aller jusqu'à bouder le pain quotidien sanctifié, remplacé parfois par le riz, considéré comme plus digeste et plus immédiatement nutritif, plus adapté à l'accompagnement de sauces relevées, ou par la pomme de terre frite, devenue plat national identitaire du modèle atlantique ?

Ce « retour » à ses sources et à sa mémoire renforce l'homme du Nord dans sa conviction biologique d'exister par les actes et les choses, ce qu'une enfance de nourrissage anonyme ou un présent d'« aliment-nécessité » ne lui ont pas appris. La réussite est plus complète s'il la partage avec son « clan ». Le rituel raffiné des cuisines d'« ailleurs » diffère complètement du modèle occidental. Convivialité des sexes, des générations, animation des préparatifs, commensalité joyeuse renvoient au cadre familier et en partie rêvé de la « tribu » que le quotidien urbain a fait éclater. Manger avec les doigts ou avec des baguettes, se servir dans des petits bols ou des plateaux personnels, « faire son trou » bien beurré dans une montagne de couscous, « quitter » une « table » qui n'existe peut-être même pas pour participer au dépeçage animé du mouton rôti en méchoui, créent des contacts plus chaleureux que la découpe réglementaire d'une volaille ou d'un gigot suivant des préséances complexes. Nostalgiques d'un passé qu'ils n'ont probablement même pas connu, les hommes d'aujourd'hui se démarquent ainsi d'une routine, d'une uniformisation des produits qu'ils refusent. Le contact physique avec la nourriture, cette affectivité, cette exubérance, ce retour à des valeurs plus rêvées que réelles que l'Occidental, homme des villes, croit avoir perdues, ajoutent au bonheur qu'a cet éternel Ulysse d'explorer à travers les cuisines du Sud un immense espace géographique inclus dans l'imaginaire et le symbole.

La richesse végétale de l'Orient fit rêver Rome, la Germanie, le monde féodal. Aujourd'hui cette « corne d'abondance » évoque, par ses parfums et ses formes insolites, la palette de ses couleurs éclatantes.

Bien nourris, et après ?

Ce parcours initiatique bouscule une tradition de mortifications et de Carême coupés de ripailles festives lourdes et indigestes. Les cuisines du Sud satisfont un désir moins brut, une sensualité totale plus absolue que l'appétit : l'odorat, stimulé par les surprenants mélanges, la vue que comble la luxuriance des couleurs, l'ouïe, caressée par la magie des noms dans cette fête du goût et des papilles. Alors s'ouvre un espace imaginé plus vaste, moins banal que l'espace touristique, le grand large, le dépaysement, l'ivresse du « toujours nouveau » : on nargue les régularités calendaires en recherchant la « méridionalité » et ses signes, l'éternel printemps de la nature, les « grandes bleues » tant désirées. Le « riz nouveau », les pousses de soja, viennent du même élan relayer les lentilles qui germent au nouvel an provençal, accompagner la publicité des « vins nouveaux ».

La « recette » est vraiment chose reçue : le monde « visite votre assiette » est plus qu'un slogan publicitaire. Comment ne pas être dépaysé ? Les horaires, les boissons, l'usage différent du sucré le disputent pour cela aux mets. Comment ne pas se sentir un aventurier qui intériorise son goût du risque, un routard après une longue quête ? Le mangeur occidental se place au cœur des symboles que véhicule l'aliment depuis son origine. Nul Dieu, nul ancêtre ne lui est étranger. Involontairement, il retrouve le processus par lequel les Romains s'appropriaient les dieux des peuples conquis. Issu d'une culture à dominante carnivore, il va jusqu'à nier la nécessité des protéines animales : par un régime pseudo-végétarien, il tente de s'introduire dans le monde hermétique du bouddhisme, pour accéder à cette austérité mystique. Ne pas se « gaver », découvrir en s'alimentant un nouveau mode d'être, devenir autre en méditant sur le sens secret d'un mets rare, le symbolisme de sa présentation, le simple acte de se nourrir peut contenir tout cela.

La nécessité diététique, inhérente au fait de se nourrir, mais redécouverte dans l'individualisme et l'hédonisme de notre fin de siècle, rejoint précisément ces goûts exotiques dans une quête de pureté et d'écologie. Au Nord, se dit-on, les socs multiples, les pneumatiques géants des machines agricoles, violentent la terre abandonnée de ses cultivateurs traditionnels, les engrais gonflent les fruits, la chimie et la physique les conservent et les rendent plus attractifs sur les linéaires des grandes surfaces. Les paysans du Sud, eux, soulèvent leur houe, poussent leur araire, encouragent leur buffle dans le vert glauque des rizières mises en eau, tandis que leurs femmes aux pieds nus repiquent dans la boue les tiges nourricières. Leur ténacité résignée ne donne-t-elle pas le produit le plus « naturel », le plus « biologique » qui soit ?

Après le « meilleur » puis le « trop », ce retour à la simplicité, c'est le retour au rapport naturel au végétal, c'est le choix de l'aliment-médecine, l'accès aux secrets du monde entier en même temps qu'une avancée vers des pays difficiles, une façon de se donner bonne conscience, même si sauces et viandes n'accompagnent pas le riz ou les patates douces dans les mêmes et sobres proportions que dans le pays d'origine.

Due au hasard, aux voyages, à une quête gastronomique ou intellectuelle, cette appétence pour le Sud, cette ouverture sur le monde rend en retour plus curieux des cuisines régionales qu'auparavant on côtoyait sans y prendre garde, comme un monument que l'on voit tous les jours sans même reconnaître son style. Ainsi, les guides gastronomiques ont-ils de plus en plus de succès, qui sanctionnent de toques ou d'étoiles les meilleures tables locales, de même que les séjours à thèmes qui apprennent à mieux goûter, ou à faire soi-même, cassoulet, foie gras ou beurre. L'investissement de notre cuisine par celle du Sud se révèle donc comme un stimulant qui développe la « pratique » gastronomique et ouvre davantage les goûts, sans pour autant perdre l'attachement au terroir.

Mais, en fait, a-t-on encore le loisir, dans nos riches pays du Nord, et bientôt dans ceux du Sud où se précipitent les évolutions, de se livrer aux joies de la gastronomie, sinon à titre de passe-temps ou d'exception hebdomadaire ?

Les géants de l'agroalimentaire dictent les menus en fonction de la matière première à écouler, sucre, viande et son corollaire, le soja, céréales. Les producteurs, le regard fixé sur leurs débouchés, standardisent leurs cultures, et perdent le goût de jardiner, car ce qui est rare et goûteux est plus difficile à obtenir et à vendre. La distribution de produits alimentaires en grande surface, internationalisée, met à la disposition des consommateurs des produits standardisés, les mêmes du Nord au Sud.

Certes, la carte alimentaire du monde montre, et c'est satisfaisant, l'extension des bien-nourris à certains pays du Sud. Mais eux-mêmes ne sont-ils pas en train de perdre leur originalité ? Ne va-t-on pas vers un syncrétisme alimentaire, en rapport avec la globalisation du « village planétaire » ? À Tahiti ou en Afrique francophone, la baguette remplace le *'ipo* ou les galettes, le bœuf quitte les congélateurs européens ou argentins pour relayer le porc ou la pintade ; le soja vert destiné au bétail supplante la variété des millets ou des ignames qui évitait aux sols tropicaux la latéritisation. L'organisme des Japonais, tentés par le chocolat et les crèmes glacées, stocke des graisses. Les cultures culinaires du monde entier, précieux patrimoine, s'appauvrissent par l'élimination des produits les plus vulnérables et les plus coûteux en travail humain, par une coupure brutale dans la transmission des traditions familiales et professionnelles.

Peut-être faut-il trouver des limites à la plasticité des consommateurs, qualité qui autrefois permit la survie de l'espèce. Le Nord par ses techniques et son savoir peut mieux nourrir le Sud. Puisque ce dernier met au menu la palette des goûts du reste du monde, la cuisine, depuis toujours lieu magique d'échanges, devrait pouvoir rester tout à la fois curiosité, miroir du monde, innovation.

Suzanne Cervera

Destins transculturels

Annie Hubert

Pourquoi les plats les plus identitaires, produits d'une alchimie culinaire particulière, traversent-ils parfois si facilement les frontières ?

Il est des plats tellement évocateurs, porteurs de souvenirs, d'ambiances, d'odeurs, de goûts, en un mot tellement « identitaires » que les Noirs américains, songeant à leur héritage du Sud, leur ont donné le nom de *soul food*, ou « nourriture de l'âme ». Et, cependant, certains de ces plats, très marqués culturellement, ont transcendé les frontières et intégré le patrimoine culinaire d'autres groupes humains. Par quel jeu de l'histoire des migrations, des évolutions du goût, des bouleversements sociaux, ont-ils sauté les barrières réputées si rigides des cultures alimentaires ? Comment ont-ils été adoptés, puis assimilés, modifiés, et en quelque sorte digérés ?

La France, pays ethnocentrique s'il en est en matière de cuisine, a fait siens deux plats qui par ailleurs évoquent fortement leurs cultures d'origine : le couscous et la paëlla. Leurs voies de pénétration ont été différentes mais pareillement efficaces !

La première mention écrite du couscous nous vient d'un auteur et voyageur arabe du VIIe siècle[1].

1. Al Maqqari Muhammed ibn Muhammed. Cité par M. E. Gobert, *Usages et rites alimentaires tunisiens*, archives de l'Institut Pasteur de Tunis, t. 2, p. 475-589.

> Pendant mon séjour à Damas, un des professeurs de cette ville m'a rapporté ceci : un Maghrébin descendit chez moi et tomba malade. Voyant que sa maladie traînait en longueur, je priai Dieu de le faire mourir ou de lui accorder la santé, pour mettre un terme à mes ennuis et à ses souffrances. À la suite de cela je vis le Prophète en songe qui me dit : « Fais-lui manger du *kouskoussoun* », en prononçant ce dernier mot avec un « oun ». Je lui préparai donc un plat de couscous. [Et notre auteur commente] Comme le couscous est en effet le mets dont se nourrissent habituellement les Maghrébins, et dont ils sont friands malgré le grand usage qu'ils en font, il se peut que dans le cas dont il s'agit, le réveil de l'appétit ait rendu au malade la santé. Au surplus, Dieu et son Envoyé savent mieux que personne ce qui en est.

Le couscous est la bannière de ralliement, le symbole de l'identité alimentaire des populations du Maghreb, le plat dans lequel on se reconnaît et on se ressource, et ce d'autant plus fortement que l'on a quitté sa terre natale. C'est dans cette Afrique du Nord qu'il y a près de deux mille ans les Berbères inventèrent une façon originale de préparer la semoule de blé : en la roulant, légèrement humidifiée, en petits grains sphériques et succulents, légers, parfumés et nourrissants, donnant à la cuisson une masse floconneuse. Ni dans le monde antique, ni dans le monde arabe oriental on n'a connaissance de cette manière de traiter le grain. Le couscous fut la préparation céréalière de base des Berbères avant même l'arrivée des populations arabes. D'orge ou de blé, il fut alors certainement plus important que le pain.

Le couscous a rapidement essaimé autour de la Méditerranée au gré des voyages, du commerce et des migrations : on le trouve en Sicile, à Malte, en Égypte, plus bizarrement au Brésil, et aujourd'hui en France.

Il est impossible de définir le plat en dehors de la préparation de la semoule roulée cuite à la vapeur, tant il existe de variantes et de différences régionales, sans compter les recettes et tours de main personnels des cuisinières. Il en est des salés et des sucrés, aux seuls légumes ou à la viande, au poulet ou au poisson pour sa version culinairement la plus intéressante ; avec ou sans raisins secs, avec ou sans *osban*, ces boulettes de tripes farcies et épicées qui caractérisent un des grands couscous tunisiens, et même un couscous de très pauvre, au bouillon de feuilles de mauve. Il est des préparations liquides, proches du pot-au-feu, d'autres plus sèches, proches du ragoût. Carottes et potiron, poivrons et artichauts, cardons et choux, navets et tomates, pommes de terre et blettes, les légumes, au choix, s'y complètent ou s'y remplacent, au gré des régions, des saisons, des humeurs. Pimentée ou pas, la préparation comporte presque toujours des pois chiches, illustrant la grande complémentarité d'une base alimentaire méditerranéenne : la combinaison de céréales et légumineuses, nutritionnellement « complète ». Bref, le couscous est un plat polymorphe, éminemment adaptable.

Adopté d'abord, nous l'avons vu, par les Arabes et autres populations immigrées en Afrique du Nord, il est entré dans nos cuisines par la voie coloniale. Les premiers Français à s'installer dans la région, plus particulièrement en Algérie, furent souvent de modestes colons, ou des petits fonctionnaires coloniaux, comme mon arrière-grand-père, garde forestier dans la région de Constantine vers 1875. Ils s'établirent souvent dans les zones rurales, au voisinage de villages ou de hameaux algériens. Dans une situation de pionnier, on adopte souvent les produits locaux en attendant d'avoir reconstitué, autant que faire se peut, son environnement d'origine. C'est ainsi que mon arrière-grand-mère, seule jeune femme française à des kilomètres à la ronde, devant compter avant tout sur les provisions locales, apprit de ses amies algériennes du village voisin à rouler et préparer le couscous, qui, dans nos menus familiaux, apparut régulièrement sur la table durant trois générations. Mes arrière-grands-parents ayant quitté l'Algérie en 1914, le plat était entré dans notre cuisine classique et familière, bien qu'aucun d'entre nous, des deuxième et troisième générations, n'ait jamais vécu au Maghreb. Ce scénario a dû se reproduire d'innombrables fois et, pour ceux qui naquirent et vécurent en Afrique du Nord, le couscous devint aussi patrimoine culinaire. Quoi de plus simple à préparer et de meilleur au goût qu'un repas complet, cuit en une seule fois, dans un seul récipient et sur un seul foyer ? Ailleurs dans le monde, il n'y aura guère que les Cantonais pour arriver à un tel degré d'économie de récipients et de combustible !

Quoi de plus rassurant, satisfaisant, que ce ragoût à la sauce plus ou moins longue, plus ou moins épicée, arrosant une petite montagne de grains parfumés, légers dans la bouche, satisfaisants à l'estomac, et conférant la plénitude affective de la céréale, nourriture ancestrale des trois quarts de l'humanité ? À travers les colons, devenus Français d'Algérie, le plat pénétra dans l'Hexagone : au fil des visites, des voyages, des expositions. Mais son introduction massive date de l'installation des pieds-noirs en France, puis de l'immigration maghrébine. Alors fleurirent des restaurants « orientaux », où dans les grandes villes on mangeait, pour pas cher, d'excellents couscous... Les cantines scolaires, les restaurants d'entreprise, voire les hôpitaux, l'inclurent dans leurs menus. L'industrie agroalimentaire s'en mêla, offrant des versions en boîte ou surgelées. Jusqu'au fond des campagnes, le couscous, d'abord plat exotique, devint plat familier.

Il n'y a pas de « vrai » couscous : le plat n'est jamais « authentique » d'une seule manière, il se conjugue sur trop de registres, on en fait ce que l'on en veut, y compris des versions françaises pléthoriques, que, partant du principe qu'abondance de biens ne nuit pas, on sert avec des merguez *et* du méchoui, en plus...

Son adoption dans nos cuisines a eu une conséquence d'une importance majeure par ailleurs : c'est grâce au couscoussier que les foyers français ont découvert dans les années 60 les possibilités de cuisine à la vapeur, devançant les cuit-vapeur électriques et autres gadgets, ainsi que la mode du matériel de cuisine asiatique.

Œcuménique et complet

Sur le marché de Limogne-en-Quercy, il y a un « camion paëlla ». Dans ce village du Causse, se retrouvent une fois par semaine les agriculteurs des environs, les quelques Anglais installés dans le coin et, à la belle saison, les vacanciers attirés par les charmes de la campagne profonde. Le marchand ambulant a transformé l'arrière d'une camionnette en un grand conteneur en inox, d'où il distribue des portions de ce plat dans des boîtes en plastique. Avant la fin de la matinée, il ne reste rien de la montagne de riz doré et parfumé. L'Espagne est trop loin pour expliquer par la proximité de la frontière ce goût pour un plat manifestement ibère ! Et nous avons tous vu dans des cafés, à Paris et ailleurs, un jour paëlla au menu hebdomadaire, alternant parfois avec un jour couscous, associant dans un même élan gastronomique deux plats subrepticement arrivés d'ailleurs.

Ce riz safrané, avec ses coquillages, poissons et légumes, est aussi un plat complet. En Espagne il fut un plat de pauvre, cuisiné à l'extérieur ; souvent à base de lapin ou de poulet, on y mettait ce que l'on avait. Sur la côte, on y ajouta des crustacés. Tout le repas cuisait en même temps, dans une vaste poêle. Les débats sur l'authenticité et l'orthodoxie de la préparation ont proliféré. Montalban, dans un des romans policiers où son détective Pepe Carvalho nous fait part de ses états d'âme gastronomiques, fait polémiquer un restaurateur catalan au sujet des diverses « pollutions dues au tourisme » apportées au plat qui se voudrait, entre autres, originaire de Valencia.

La paëlla a traversé les Pyrénées avec les Espagnols réfugiés de la guerre civile, en grande partie demeurés dans le sud du pays, région où safran, poivrons et riz étaient déjà présents dans la cuisine locale. Mais la paëlla triomphe dès les premières vagues de touristes français attirés par la côte espagnole. On retrouve au restaurant le goût des vacances, puis on apprend à confectionner le plat, quitte à y inclure un surplus d'ingrédients, mêlant poulet, poisson et coquillages. On peut même aujourd'hui le préparer directement à table, grâce à un œcuménique *wok* électrique chinois.

En voie d'incorporation au patrimoine culinaire français, la paëlla, comme le couscous, présente les caractéristiques principales des plats transculturels : un repas complet sur une base céréalière, dont on module à volonté l'accompagnement.

Si ces plats ont transgressé les frontières culturelles c'est qu'ils présentent les particularités facilitant ce processus : dans les cas qui nous intéressent ici, aucun goût non répertorié culturellement par les Français n'y domine, si ce n'est la présence plus ou moins forte de piment dans certains cas. Rien qui puisse offenser ce qui est gastronomiquement admis. Une préparation qui se prête à toutes les souplesses.

À Limogne-en-Quercy, il y a aussi un « camion pizza », mais c'est encore une autre histoire...

Annie Hubert

Homo exoticus

Jean-Pierre Hassoun et Anne Raulin

L'exotisme change et se réincarne, mais ne disparaît jamais. Car il faut sans cesse recréer l'Autre, jusqu'en soi-même parfois...

Que reste-t-il de la notion d'exotisme alimentaire à l'époque de ce que certains appellent le « village planétaire » ? La notion est-elle à mettre au département des antiquités du siècle dernier ou doit-on simplement s'attacher à la redéfinir ? Vivons-nous dans un état culinaire indifférencié, victime de la gastro-anomie annoncée par C. Fischler, ou bien suivons-nous des règles, des normes et des usages qui organisent le proche et le lointain ? Mais, auparavant, s'interroger sur l'exotisme alimentaire dans la France des années 90 oblige à brièvement rappeler l'origine et les différentes utilisations de ce terme.

À la base du mot « exotique » il y a la racine grecque *exo* qui signifie « dehors », et à partir de laquelle le mot grec *exotikos*, « étranger », est forgé. Après être passé par le latin *(exoticus)*, il prend une forme française quand, en 1548, Rabelais l'utilise dans son *Pantagruel* : « Marchandises exoticques et peregrines, qui estoient par les halles du port », déjà les nourritures... Cependant, avant le XVIIIe siècle son usage reste rare et il faudra attendre 1762 pour qu'il soit admis par l'Académie française. Pour le *Littré* (1878) il est ce « qui n'est pas naturel au pays ». Cette référence à un certain naturalisme aura tendance à s'estomper (au moins dans les dictionnaires, peut-être moins dans les esprits) pour laisser place à un sens relativement proche de l'étymologie du terme. L'exotisme, par-delà ses variantes élitistes ou populaires, est associé d'une part à la distance géographique et d'autre part aux aspects attirants ou séduisants de l'altérité culturelle toujours envisagée exclusivement par rapport au pôle occidental : « Caractère d'une œuvre qui évoque les mœurs ou les paysages des pays étrangers » pour le *Grand Larousse encyclopédique* en 1961, « Se dit de ce qui appartient à des pays étrangers et lointains, qui en provient et se distingue par son caractère spécifique : plantes exotiques ; produits exotiques ; danses exotiques » et en deuxième sens : « Goût des choses exotiques : l'exotisme est une mode littéraire, artistique » pour le même *Grand Dictionnaire encyclopédique Larousse* en 1983, alors que le *Petit Robert*, en 1991, précise : « Qui n'appartient pas à nos civilisations de l'Occident, qui est apporté de pays lointains. » Ce même dictionnaire renvoie au terme « colonial » et donne comme antonyme « indigène ».

Si l'on s'en tient à ces définitions, l'exotisme, c'est l'« autre » lointain ou plutôt le pôle positif (ou attirant) de cet « autre » lointain, rencontré par l'Occident dans ses entreprises précoloniales puis coloniales. Car, même si des postures exotiques sont présentes dès Montaigne et son « bon sauvage », n'oublions pas que la valeur exotique a connu son heure de gloire au XIXe siècle, dans un contexte où l'ethnocentrisme colonial était pensé et vécu comme une évidence morale et idéologique. Certes, il y eut des porcelaines de Sèvres inspirées par l'art chinois, il y eut les passions japonaises d'un Monet, les inspirations africaines des cubistes, l'« authenticité » polynésienne d'un Gauguin ou cette esthétique de l'altérité illustrée par un Segalen, mais par-delà chinoiserie, japonisme et autres orientalismes qui ont régulièrement nourri nombre de classicismes occidentaux, l'exotisme reste finalement marqué par une certaine volonté de méconnaissance et donc... par une absence de réelle reconnaissance de l'« autre lointain ». L'Occidental définit l'exotisme comme un appel aux saveurs et aux sens, l'excluant ainsi du domaine de la pensée à laquelle sa civilisation accorde une primauté certaine. Comme si l'exotisme était resté quelque chose de secondaire, de superflu, de périphérique ou d'« inessentiel ». Il est en effet nécessaire de dépasser l'illusion commune qui voudrait que l'exotisme soit une attitude où l'autre est préféré au même. L'examen attentif de la notion et de ses usages laisse en effet percer de lourdes ambiguïtés à propos de cette valorisation. Comme le fait remarquer Tzvetan Todorov, « la méconnaissance est incompatible avec l'exotisme, mais la méconnaissance est à son tour inconciliable avec l'éloge des autres ; or c'est précisément ce que l'exotisme voudrait être, un éloge dans la méconnaissance. Tel est son paradoxe constitutif[1] ». Il est vrai que plus on connaît la culture des autres, leurs cuisines en particulier, moins cette culture est autre, moins elle est étrangère, moins elle est mystérieuse, moins elle est « dehors » et plus elle est « dedans », moins elle est exotique...

Y'a bon Banania

Ce cycle « assimilationniste » fonctionne-t-il toujours selon le même modèle ? Si l'on peut encore aujourd'hui parler d'exotisme alimentaire, cela ne signifie-t-il pas qu'il y a encore un « dehors » et, ce pensant, qu'il subsiste encore un « intérieur », voire un « centre » comme l'a été l'Europe au temps de son rayonnement extrême ? Dans la dernière décennie, cette vision quelque peu dix-huitiémiste est-elle devenue désuète ? Au « temps des colonies » l'alimentation avait été un domaine où l'exotisme s'était tout particulièrement épanoui. Que l'on pense aux produits coloniaux qui inondaient le port de Marseille - riz du Tonkin, arachides d'Afrique, huile d'olive du Maghreb -, aux expositions coloniales ou aux affiches publicitaires sur lesquelles personnages et produits « exotiques » fleurissaient : du rhum Négrita au Moka-Maltine ou au plus fameux d'entre eux, « l'ami Y'a bon », le tirailleur sénégalais de Banania dont la publicité disait qu'il était « [...] à base de cacao pour la ''force noire'' et de banane pour l'énergie et le sourire[2] »... Aujourd'hui, alors que les échanges commerciaux ont pris une dimension mondiale et que la distribution s'effectue, en principal, dans le cadre de grandes surfaces souvent localisées aux abords des centres urbains, la distance et le mystère - les deux paramètres constitutifs de l'exotisme - en matière de pratiques alimentaires ont-ils été réduits ou annulés ?

1. Tzvetan Todorov, *Nous et les autres. La Réflexion française sur la diversité humaine*, Paris, Le Seuil, coll. « La couleur des idées », 1989, p. 297.
2. Voir Jean Garrigues, *Banania. Histoire d'une passion française*, Paris, éd. du May, 1991.

Fort de ces interrogations, nous nous sommes risqués à une courte enquête ethnographique dans les rayons alimentaires de quelques grandes surfaces en région parisienne et en province. Dans chacune, nous avons cherché à comprendre les catégories utilisées par le magasin - considéré ici comme un acteur culturel - pour classer les nourritures proposées au client. Dans ce même esprit, nous avons cherché à comprendre si le caractère « extérieur », « étranger », « exotique » des produits était encore utilisé pour classer, pour attirer, pour vendre. Nous ne donnerons ici que deux exemples, socialement contrastés, qui sont sans doute les points extrêmes d'un *continuum* qui reste à établir avec plus de précision. L'un se situe à l'ouest (Neuilly-sur-Seine), l'autre à l'est (Montreuil-sous-Bois), les deux aux entrées de Paris.

Note ethnographique :
Le Monoprix de Neuilly-sur-Seine (Hauts-de-Seine). L'alimentation est localisée au sous-sol. Par-delà l'offre habituelle dans ce type de rayon (elle est ici particulièrement riche et variée), l'exotisme peut se repérer dans de nombreux endroits.
D'abord par la présence de rayonnages (chacun composé de six étagères) qui ont pour point commun d'être dénommés « L'Épicerie fine » sans que n'apparaisse aucune autre mention, ou appellation. L'un d'entre eux regroupe des produits américains ou mexicains : pop-corn, pancakes, blue corn chips, tacos, sirop d'érable, red fried beans, et autres *fine mexican food*. Sur le deuxième on trouve des produits d'origine orientale ou européenne qui ont en commun d'être casher : boukha (alcool de figues), vins, cornichons, gefilte fish (poisson farci, le plus souvent de la carpe) en boîte, etc. et un produit non comestible à vocation religieuse : des bougies à utiliser pour la célébration du shabbat. Le troisième de ces rayonnages est réservé à la marque Heinz et à ses sauces : Ketchup, sauce de soja, fish sauce, tabasco sauce, pimento sauce... Puis un rayonnage intitulé « Boutique chinoise » pour la marque Suzy Wan avec ses riz basmati d'inspiration indienne, ses potages pékinois, ses sauces aigres-douces, ses lichees en conserve ou ses nasi goreng (riz préparé à l'indonésienne). Une autre de ces « Épiceries fines » nous fait revenir dans des contrées plus familières avec des miels, des confitures, des huiles et vinaigres fins et rares (de xérès, de noix, etc.), des « fondus de poireaux », des « émincés de choux », des « pâtés de lapin au serpolet » et autres « recettes du terroir » de la marque Albert Ménès. À la sixième de ces « Épiceries fines », les produits sont anglais : Earl Grey tea, cake Victoria Dundee, tea-bag Darjeeling, etc. Puis vient l'emplacement de gâteaux secs

ou de sucreries *british* : Campbells ou Scotlands shortbread, chocolates and toffees, allemands avec la gamme Lambertz, français avec des produits Monoprix Gourmet, et les sucreries italiennes : Sassetti Virginia. Puis, de nouveau, des produits à consonnance américaine avec les marques Eagle et Blue Diamond (amandes salées) et autres apéritifs pimentés. Ailleurs, toujours catégorisés « Épicerie fine » (et seulement « Épicerie fine »), les produits indiens de la marque Sharwood : chutney, curry, tandoori mixture.

Sans que le terme « exotique » soit utilisé (à une exception près, par une marque de boissons alcoolisées : L'épicier de l'exotique. Bernard Broquière, le Comptoir colonial), ce magasin distingue, en plus de dix endroits, des produits pour l'exotisme qu'ils doivent suggérer dans le contexte français. Par-delà leur variété (à l'intérieur de laquelle le condiment sous ses trois formes - aromatique, salé ou pimenté - reste important), cet effet d'altérité repose le plus souvent sur une provenance lointaine - un éloignement dans l'espace -, mais aussi parfois sur un exotisme temporel - un éloignement dans le temps - avec les produits « du terroir » qui sont aussi les produits que l'on consommait jadis ou avant... Globalement, au niveau des représentations que le magasin veut susciter, le « fin » a remplacé l'« exotique », mais la distance, la curiosité face à l'inconnu ou au « mal connu » continuent d'être au fondement de cette classe de produits constamment réalimentée (si l'on nous permet l'expression) par des sous-catégories (ou des sous-classes) comme par exemple les produits dits casher, particulièrement nouveaux dans ce paysage commercial.

Le Carrefour de la porte de Montreuil est inséré dans un centre commercial plus vaste dénommé La Grande Porte. Pourtant, si l'on s'en tient à l'alimentaire, cette « Porte » n'ouvre pas sur le vaste monde. Le paysage est ici dominé par des affichettes mettant en avant les « faibles prix », les « promotions » et les « promos », les « baisses », les « remises ». La philosophie générale du lieu est d'ailleurs clairement proclamée : « Avec Carrefour, je positive. » Ici, la provenance italienne d'un raisin est notée, mais ce n'est qu'exception, les pizzas et les paëllas sont rangées avec les saucisses de Strasbourg, le tarama et les blinis sont intégrés au rayon « Poisson » sans signe distinctif particulier. Partout les catégories sont larges et simples au point que les « viandes pour animaux » cohabitent dans le même présentoir que les « panés de volailles ». La signalétique utilise le plus souvent des dessins facilement lisibles (jambonneau, poisson, poulet, légumes), parfois même sans que le nom du produit apparaisse, ce qui, au pas-

sage, nous suggère que l'écrit est de moins en moins présent dans cet univers.
Au Carrefour de la porte de Montreuil comme dans bien d'autres centres de distribution alimentaire situés dans des secteurs populaires, l'exotisme proclamé n'est pas de mise. La diversité d'origine des produits n'est pas utilisée comme signe distinctif par le magasin. Ici, la recherche du moindre coût éclipse la recherche d'une mise en scène ou d'un soulignement exotique. Les produits étrangers (ou d'origine étrangère), qui sont bien sûr également très présents, ne sont proposés qu'intégrés à des produits « indigènes », par exemple les saucisses de Strasbourg que nous venons d'évoquer.

Les prolongements de ces observations dans des lieux de distribution pourraient être nombreux. Limitons-les ici à quelques réflexions. L'une, que d'aucuns jugeront peu nouvelle : au moins au niveau des lieux de distribution, l'usage de l'exotisme est socialement différencié. Certes, dans la France des années 90, toutes les couches sociales mangent, en plus grand nombre et plus souvent, des nourritures en provenance de l'étranger proche ou lointain. Mais le fait de construire des classes (ou des sous-classes) de produits sur cette base est seulement adopté par les lieux de distribution fréquentés par les couches supérieures et/ou moyennes. En revanche, pour le plus grand nombre, les produits étrangers ou d'origine étrangère ne semblent pouvoir être consommés qu'une fois assimilés aux « produits nationaux » ou perçus comme tels.

Au fond, ce coup d'œil ethnographique ne fait peut-être qu'illustrer modestement la réflexion de J. Goody : « Qu'il s'agisse de classes ou de cuisine, plus on s'élève dans la hiérarchie, plus les contacts sont divers, et plus le panorama offert est vaste[3]. » Le fait de construire des classes de produits sur la base de leur éloignement (spatial ou temporel) serait donc propre aux couches « hautes » de la société ou aux populations qui sont à la recherche de traits distinctifs susceptibles de mieux fonder des ascensions sociales en cours ou déjà réalisées. En d'autres termes, le même Ketchup Heinz, les mêmes pop-corns ou les mêmes condiments seront consommés par le client du Monoprix de Neuilly ou du Carrefour de la porte de Montreuil, mais ils n'auront pas toujours été visualisés, perçus, pensés et sentis comme appartenant à une même catégorie de nourriture.

3. Jack Goody, *Cuisines, cuisine et classes*, Paris, Centre de création industrielle-Centre Georges-Pompidou, 1984, p. 175.

Au pluriel

On est aussi frappé par la capacité des anciens centres coloniaux à digérer l'exotisme, à le « provincialiser ». En effet, bien des mets issus des traditions culinaires des pays compris dans les anciens empires ont été adoptés de façon largement populaire : que reste-t-il d'exotique en France à la merguez (qui plus est en sandwich), au couscous (que l'on a pu voir servi avec un steak), au taboulé ? Que reste-t-il d'exotique en Grande-Bretagne au curry et aux condiments de base de la cuisine indienne ? Notons aussi ce que l'on pourrait appeler des « exotismes attendus », « convenus », en particulier ceux qui constituent les fonds de commerce de diverses diasporas répandues aux quatre coins de la planète : restaurants chinois[4], italiens... d'adoption tout aussi populaire. Seules des traditions culinaires relevant d'une histoire extracoloniale (ou marginalement coloniale pour le centre concerné) et non diasporique pourraient encore, mais de façon très minoritaire, prétendre franchement au titre d'exotique ; ainsi, en France, une restauration afghane, éthiopienne, indonésienne, voire japonaise, mérite ce qualificatif.

Dans ce même esprit et comme le suggèrent nos observations des grandes surfaces, on assiste à un certain affadissement de la notion d'exotisme. En effet, il est clair que ce sont les Carrefour, Mammouth et autres Intermarché qui dessinent pour une large part le paysage alimentaire de la France des années 90 et que, dans ces lieux, l'industrialisation, la production de masse, et la mondialisation des relations commerciales ont contribué à standardiser et à rapprocher des produits qui, hier, étaient originaux, rares et difficiles d'accès. Dans ce mouvement, l'exotisme alimentaire a tendance, si ce n'est à disparaître, tout au moins à nettement s'affaiblir ou s'affadir.

4. L'ouverture de grandes surfaces asiatiques (comme celles du XIIIe arrondissement de Paris tels Tang Frères ou Paris Store) a provoqué un certain renouvellement exotique dans la mesure où marchandises et mise en scène étaient initialement destinées à des populations de même origine. De ce fait, les Français qui pénétraient dans ces lieux découvraient tout autant des nourritures qu'un style de consommation qui leur restaient encore étrangers et inconnus. Cependant, ce phénomène reste secondaire et limité aux centres urbains des grandes métropoles. Cf. Anne Raulin, « La dimension esthétique et sacrée de l'écologie urbaine : la Petite Asie de Paris », in *Ethnologie des faits religieux en Europe*, N. Belmont et F. Lautman éd., Paris, éd. du CTHS, 1993.

On pourrait s'arrêter là, en concluant à une relative disparition de la catégorie « exotique » antonyme d'indigène et en rejoignant par la route culinaire le concept cher à McLuhan de « village global » censé caractériser aujourd'hui la planète. Mais on ne s'en tiendra pas à cette seule idée.

La cuisine dépend pour sa confection de produits provenant en proportion toujours réévaluée de territoires locaux et lointains, avec, de plus, cette particularité de pouvoir réimplanter dans les sols proches une grande partie de ces productions. Cette double caractéristique a donc fait que la cuisine s'est alimentée de la circulation des ingrédients, et en particulier de toutes les formes de commerce à longue distance qui connurent un essor décisif avec l'exploration de l'Extrême-Orient et les grandes découvertes : si les épices ont conservé leur valence exotique du fait même de leur difficile acclimatation européenne, on ne peut en dire autant des fameux légumes originaires d'Amérique. Avec quel ravissement l'écolier ne découvre-t-il pas que ces pommes de terre, courges, tomates et autres fraises sont en réalité des végétaux immigrés, dont la transplantation constitue un enrichissement alimentaire remarquable, mais qui ne se fit pas toujours sans résistance de la part de nos ancêtres. Et, dans le temps où la pomme de terre est « assimilée », d'autres marchandises font leur apparition dans le spectre exotique, s'y maintiennent un temps puis dérivent vers d'autres horizons. C'est le cas des oranges, cadeaux éclatants des arbres de Noël du début de ce siècle, qui ont progressivement rejoint les corbeilles à fruits les plus quotidiennes, pour se voir aujourd'hui consommées en boisson, matinale ou vitaminique, selon une mode d'origine anglo-saxonne.

Cette mobilité des marchandises alimentaires doublée d'une capacité de transplantation territoriale avait ainsi déjà par le passé constitué des séquences d'assimilation (d'exotique à indigène). Mais elles s'effectuaient sur un rythme lent, séculaire, au fil d'une diffusion suivant les circuits de négoce, les mouvements de troupes, les épidémies végétales et animales : l'histoire peut en repérer le trajet, aliment par aliment[5]. Aujourd'hui, les rythmes s'affolent

5. Ainsi, on connaît l'épopée de la pomme de terre, évoquée plus haut. Partie de la cordillère des Andes, elle fut ramenée en Espagne par le commissaire aux vivres de la flotte de Charles Quint au milieu du XVIe siècle. Puis elle se diffusa lentement d'Espagne en France, en Allemagne, aux Pays-Bas, rencontrant peu de succès. Elle s'imposa durablement

car le nombre de vecteurs porteurs de diffusion s'est démultiplié : transports rapides, agricultures biologique, scientifique, expérimentale, industries alimentaires, stratégies de marketing, médias dans toute leur diversité, ainsi que migrations internationales, exposent à des modèles ou des pratiques de consommation alimentaire exogènes, sinon exotiques, les populations urbaines comme rurales (à un moindre degré cependant pour ces dernières). Cette accélération des rythmes pourrait laisser penser à une perte des repères endogène/exogène. Elle pousse en réalité le pôle exotique à se renouveler, à se recharger en permanence ; il perd de sa stabilité comme repère collectif, il s'individualise en raison même de la diversité des sources auxquelles il peut s'alimenter. Et l'on soutiendra que cette catégorie de l'exotique correspond à un besoin culturel, ne serait-ce que de différenciation entre le dedans et le dehors, et qu'à ce titre, elle ne peut que se reconstruire en permanence, au prix d'une certaine ingéniosité et d'un certain talent de jonglerie puisqu'il s'agit maintenant de jouer dans un monde sans lointain absolu et sans centre fixe et définitif.

Le passé recomposé

Ainsi donc, il n'y aura plus un exotisme, mais des exotismes apparaissant ponctuellement ou s'actualisant de façon intermittente soit à l'échelle des groupes soit à celle des individus. Dans ce dernier cas, quelles en sont les sources d'inspiration ? Si l'on suppose globalement que le marché de l'alimentaire met plus ou moins en tous lieux et tous temps à disposition de tous publics une gamme insaturable de marchandises alimentaires de tous horizons, le ressort exotique ne saurait se situer qu'à l'intérieur de l'individu, dans son histoire de vie parfois la plus singulière. C'est là que se construit ce qui « fait signe exotique », en relation avec une mémoire du dedans et du dehors.

en Irlande, conséquence imprévisible des tentatives de conquête de l'Angleterre par l'Invincible Armada à la fin du XVIIe siècle. Sur le continent européen, son adoption se fit d'abord en Allemagne sous l'impulsion de Frédéric le Grand, dont Parmentier fut prisonnier. Ce dernier dut ensuite convaincre Louis XIV en personne des qualités de la pomme de terre afin d'assurer sa diffusion en Europe. À la même époque, la Scandinavie fut gagnée par le tubercule « chtonien » et créa, en le distillant, une eau-de-vie. Les guerres napoléoniennes généralisèrent sa consommation à l'Europe entière.

Ainsi pourrions-nous même parler d'un exotisme des origines : face au brassage répété des populations, le lieu des origines a tendance à se démultiplier et à s'éloigner. Il est connu ou reconstitué à travers des ascendants, des collatéraux, des souvenirs d'enfance ou d'adolescence. C'est ce « lointain antérieur », d'ordre généalogique, que l'on tente alors de ramener à soi par la consommation de mets dits typiques, chargés de soulager la tension entre ce moi perdu dans les brumes ancestrales et ce moi « semblable à tous les autres et qui les vaut tous ». Ici, et pour changer d'auteur, la « recherche du temps perdu » dérive en plein exotisme, y compris dans sa dimension inauthentique, *fake*, fabriquée pour l'occasion[6]. Ici se croisent et s'entremêlent les catégories de l'exotique et du folklorique en tant que l'une entretient la nostalgie de l'ailleurs, et l'autre celle du retour en arrière, aux sources. Ainsi n'importe quel met régional (vin, fromage, pâtisserie ou plat) peut s'insérer dans cette problématique, au titre de rappel des origines, lesquelles se teinteront d'autant plus d'exotisme que le lieu des origines est éloigné du centre, c'est-à-dire de la situation actuelle du sujet. Par exemple, les exilés chiliens en France avouent n'avoir jamais consommé autant d'*empanadas* que depuis leur arrivée en Europe ; au Chili en revanche, l'influence culinaire française faisait la marque distinctive des hautes classes.

On aurait alors tendance à parler moins d'un exotisme géographique que d'un exotisme existentiel, se réactivant en situation. Ce parcours peut être individuel comme il peut être collectif s'il met en jeu des mutations sociales communes (exode rural, migrations). C'est alors que les rites collectifs les plus marquants (fêtes saisonnières ou religieuses, rites de passage...) s'exotisent, se folklorisent, car même s'ils interviennent comme rappel impératif des origines, ils le font hors contexte et l'effet de décontextualisation ne peut passer inaperçu aux yeux mêmes des acteurs. Certaines plaisanteries, à l'usage des invités extérieurs, prendront acte de ce décentrement qui fait que l'on est à la fois dedans et dehors : « Voyez ces danses de sauvage », a-t-on pu entendre à l'occasion d'une fête dans la bouche d'un danseur, qui prenait ainsi la peine d'exprimer à l'autre-spectateur la conscience qu'il avait de sa propre duplicité.

6. Cf. E. Hobsbawm & T. Ranger, eds, *The Invention of Tradition*, Cambridge, Cambridge University Press, 1983.

On s'achemine donc vers un exotisme relativiste - sans que cependant on puisse conclure à la disparition de la catégorie « exotique ». Un dernier exemple *a contrario* devrait nous en convaincre, en repérant la catégorie inverse qui porte à cultiver l'identique. Car dans le domaine alimentaire, où les comportements fusionnent les dimensions biologiques et culturelles, le besoin du même s'affirme en élaborant des répulsions, des dégoûts qui maintiennent une barrière de références très précise et constante. L'alimentation carnée en fournit l'exemple le plus probant dans la mesure où chaque société développe une prédilection pour certaines viandes à l'exclusion d'autres, pressenties comme interdites ou peu recommandées. Ces choix peuvent appartenir au domaine de la coutume (qui n'a réprimé une grimace à l'évocation de la consommation de viande de chien ou de chat, de cheval, de serpent, voire de lion ou de crocodile, mais le dégoût peut se teinter d'admiration puisque alors le mangeur incorpore la force animale tant redoutée...) ou de la loi, ce qui est le cas dans les religions juive et musulmane : ici, la barrière de référence est incarnée par un texte qui se traduit en prescriptions et en interdits que les populations concernées intériorisent sous forme de goûts et de dégoûts. Seraient-elles les seules à entretenir ce sens du pur et de l'impur, du propre et de l'impropre à la consommation, du soi digérable et de l'autre inassimilable... ? On peut en douter à constater la fréquentation rare de ces boucheries spécialisées par les « autres » qui ne s'y sentent pas chez eux ou sont envahis par des représentations négatives au sujet de ces viandes « vidées de leur sang ».

Ainsi, toutes populations confondues, l'habitus familial en matière alimentaire n'est-il pas hégémonique ? Cette constatation inclut le fait que certains types d'habitus comprennent la tentation exotique, à un degré plus ou moins complexe, autorisant des explorations qui peuvent varier avec les générations, voire même au cours d'une seule vie. Autrement dit, c'est ce familier qui constitue le pré carré où nous broutons, divertis de temps en temps par quelques pousses plus étranges et inaccessibles...

Jean-Pierre Hassoun et Anne Raulin

3. *Retours vers le futur*

Autre produit, autre « goût »

Joseph Hossenlopp

En fabriquant de nouveaux produits, l'industrie alimentaire modifie-t-elle nos goûts et nos conduites ? Peut-être, mais pas forcément comme on le croit.

Cet article propose quelques réflexions sur la façon d'analyser l'acceptation d'un nouveau produit et l'évolution des préférences. Si cela pouvait nous faire mieux saisir les comportements de nos contemporains sur la nourriture « industrielle », notre but serait atteint. Il n'est pas question de clore le débat, souvent passionné (sinon passionnant) relatif au rôle de l'industrie sur les comportements alimentaires, avec tous ses effets décrits quelquefois comme pervers ou manipulateurs.

Nous essayerons de ne pas entrer dans une controverse idéologique du type « défense du consommateur » (supposé implicitement attaqué ou manipulé), pas plus que nous ne souhaitons glisser sur l'autre versant du même débat : dans une économie de libre concurrence, le marketing répondrait aux besoins de ceux qui veulent bien acheter les produits, la diversité étant là pour laisser le libre choix à l'acheteur.

Le terme « essayer » signifie que cela me semble difficile, au moins pour deux raisons. Les approches actuelles sont trop souvent réductrices de la réalité du comportement alimentaire. Ce n'est pas en tenant compte des besoins nutritionnels seuls, ou encore du plaisir « dit sensoriel », que nous saurons prédire ce qui est bon à manger. Nous devons dépasser l'approche monodisciplinaire, réunir dans nos observations toutes les données possibles, créer des concepts et des méthodes d'analyse pour les traiter simultanément. Si l'on se contente de juxtaposer les approches de chaque discipline, on peut arriver à des conclusions diamétralement opposées : ainsi le point de vue nutritionnel et l'analyse économique ou socio-économique ne conduisent pas aux mêmes résultats quant aux effets de l'industrialisation (alors qu'il s'agit pourtant bien du même consommateur).

La bière sans alcool, le vin à la pêche, le croque-monsieur surgelé sont-ils des progrès ? Apportent-ils un changement dans nos habitudes alimentaires, modifient-ils nos goûts, sont-ils des sources de mieux-être et lesquelles ? Choisir les exemples adaptés à la démonstration que l'on veut faire est aussi un biais ou une manipulation courante.

Une autre difficulté, me semble-t-il, réside dans notre manque de distance à l'égard des données et des événements que nous voulons analyser et comprendre. Je suis quelquefois surpris par la pertinence et la finesse des analyses ethnologiques ou historiques des comportements alimentaires de groupes sociaux ou de civilisations éloignés, en temps ou en lieu, de la nôtre. Naïvement, je me demande si ces spécialistes ne pourraient pas utiliser leurs outils et leurs concepts pour expliquer nos conduites alimentaires et les relations actuelles entre consommateurs et fabricants !

Le schéma ci-dessous tente de montrer la complexité inhérente à l'analyse de nos comportements alimentaires :

Nous ne savons généralement pas identifier ce qui guide notre conduite quand nous adoptons tel ou tel comportement alimentaire. En pastichant Lacan et en étendant l'analyse qu'a faite Claude Lévi-Strauss de la position de l'aliment (le biologique et le culturel réunis fondent la notion d'aliment), nous pourrions dire qu'un aliment est bon quand il est à la fois *bon à manger, bon à penser et bon à rêver.* En d'autres termes, nous avons simultanément une relation physique (donc biologique), imaginaire et symbolique à chaque aliment qui se présente à nous ; les produits prennent le « sens » d'aliment comestible, pour chacun de nous, quand ils donnent une satisfaction « totale », c'est-à-dire cohérente avec nos idées, notre culture, notre idéologie, notre état biologique interne, notre mémoire olfactive, visuelle et perceptive en général.

Généralement, l'intellect n'a pas de mal à accepter cette position pour distinguer le comestible de l'immangeable. Pourtant notre comportement alimentaire quotidien ne nous devient ni évident, ni prévisible pour autant. Pourquoi tel nouveau produit que l'on teste avec des consommateurs est-il rejeté par vous, accepté par moi ? On a beau vouloir s'attacher à définir une « cible homogène » dans la population, le produit nouveau plaît à certains et déplaît à d'autres, sans que l'on puisse prévoir les réactions individuelles.

S'il n'y a pas de catégorisations pertinentes *a priori* dans la population (des « segmentations » pour les spécialistes du marke-

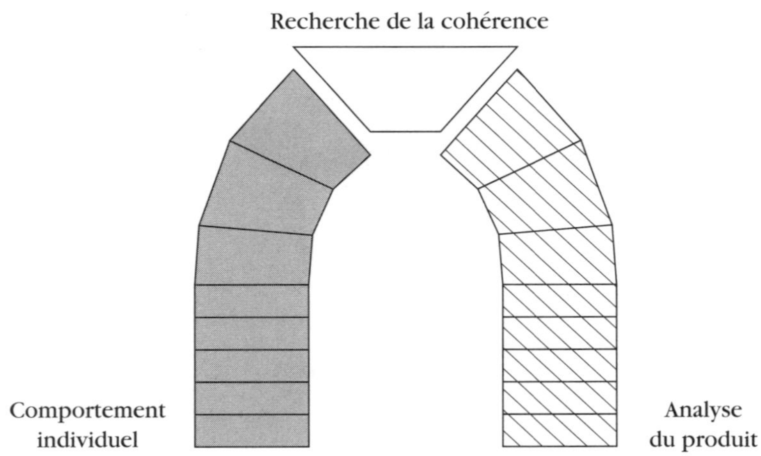

ting), s'il n'y a pas de critères opératoires pour classer les objets en bons et mauvais comestibles, que faire ? Le chercheur pour comprendre, le fabricant pour agir ont besoin de concepts et de méthodes pour y parvenir.

L'approche que nous proposons peut se résumer dans la seconde image (p. 134).

Cette analyse conjointe s'appuie sur deux démarches parallèles (les deux colonnes), l'une part des énoncés et du comportement de l'individu, l'autre de l'analyse descriptive du produit. Ceci repose sur le constat que ni le produit, ni l'individu ne peuvent expliquer, sinon prédire, l'acceptation ou le rejet d'un produit, et sur le souci de prédire sinon d'expliquer, avec les outils actuellement disponibles, si tel aliment est jugé « bon » ou « mauvais » par un individu.

L'approche produit

L'approche produit consiste à définir et à décrire le produit par l'ensemble de ses caractéristiques. Ceci suppose de rentrer dans le champ de nombreuses spécialités pour en définir toutes les propriétés.

Les propriétés nutritionnelles : Il s'agit, sur le plan fonctionnel, en termes de nutriments et de besoins physiologiques, d'inventorier ce que peut apporter l'ingestion de tel « produit ». En terme de « carburant » pour le corps, que peut-il fournir ? Dans quelles conditions et avec quelles associations peut-il entrer dans une diète équilibrée au sens des besoins physiologiques d'un individu ? Pour quel type d'individu (âge, activités, sexe, etc.) est-il particulièrement adapté ? Il ne s'agit pas ici de développer un argumentaire commercial sur les avantages du produit pas plus que de rechercher la population dont les besoins sont en accord avec les propriétés nutritionnelles du produit. Il s'agit en revanche d'analyser en quoi, seul ou en combinaison et avec quel mode de préparation, l'aliment apporte une réponse aux besoins physiologiques d'un organisme humain. L'aliment se « regarde » ici comme source de nutriments et de carburant, en dehors du champ perceptif (propriétés sensorielles) et émotif (bon, mauvais) et des autres caractéristiques.

Les propriétés sensorielles : Il s'agit, avec un jury entraîné, de préférence des « experts » au sens utilisé dans la profession, de décrire les perceptions sensorielles du produit : aspect, couleur, formes, odeur, toucher à la main et toutes les impressions en bouche (texture, forme, effets tactiles, sons, flaveur : saveurs et arômes, effet des températures, arrière-goûts éventuels, etc.).

Une longue expérience est nécessaire pour parvenir à décrire et à mesurer les perceptions sans donner prise au jugement hédonique. Ces propriétés sensorielles, ainsi décrites, peuvent utilement être comparées à celles d'aliments équivalents : produits de même type préparés dans d'autres conditions (par des ménagères, des professionnels cuisiniers, des artisans), produits concurrents. On peut aussi s'intéresser aux variations des perceptions lorsque le produit évolue en fonction de paramètres tels que délais et conditions de conservation, mode de préparation, de consommation et d'utilisation. Un fromage s'affine, le pain « sèche », le beurre rancit, le vin s'acidifie ou se bonifie : « tout vit, tout bouge ».

Nous pourrions détailler et décrire toutes les autres analyses. Contentons nous ici d'en décrire les domaines :

Le champ économique : incluant non seulement le prix d'achat mais les frais d'usage, le budget en temps et en argent, la préparation, le bilan des déchets, etc.

Le domaine des caractéristiques liées à l'hygiène et à la santé : problèmes apportés par l'utilisation de matières premières de certaines origines, par des additifs, des contaminants, éléments comestibles non digestibles, contre-indiqués à des catégories de population à risque... Modes et temps de conservation nécessaires à la préservation de l'aliment.

Le champ des propriétés fonctionnelles : ce sont l'ensemble des services et « fonctions techniques » que remplit le produit dans son usage et son utilisation, comme les facilités de stockage, de transport, de préparation, de gestion des déchets, etc. L'emballage et le suremballage peuvent contribuer de façon essentielle à ces propriétés.

Il est rare qu'un aliment, aussi commun ou prisé soit-il, résiste à une telle investigation d'experts. Qu'il s'agisse de produits dits naturels, comme des champignons comestibles, des épices, de préparation familiale ou de produits artisanaux et industriels, on trouve, à l'analyse, des points faibles qui les feraient définitivement rejeter eu égard aux exigences de certains consommateurs.

Après les premières pierres de la colonne, pour garder l'image de départ, il faut construire l'arc-boutant pour nous rapprocher de celui qui mange. Un certain nombre de propriétés, ou mieux d'attributs, ne sont pas apportés par le seul produit. Le contexte dans lequel celui-ci se trouve placé importe également : son histoire, son image, la catégorie dans laquelle il est classé, les produits auxquels il est comparé, bref tout ce qui fait qu'il a déjà une « histoire » dans la tête d'un sujet, dans une culture et une époque données. Ce champ sera celui des attributs ou valeurs *transférés* au produit, qui renvoient à la dimension imaginaire et symbolique formant deux des trois anneaux des Borromées.

Le produit-image

Toutes les représentations, les projections liées au contexte social, culturel du moment, donnent les éléments du « produit-image ». Ce concept de « produit-image », à ne pas confondre avec l'image du produit, est la représentation, dans le champ symbolique et imaginaire, que le fabricant veut donner au produit. Les éléments de perception et toutes les autres propriétés et informations véhiculées par le nom, la marque, l'emballage, le lieu de vente, le prix, etc., doivent concourir à représenter le produit tel que le souhaite le concepteur.

Ainsi il pourrait être possible, en Californie, de donner à la choucroute l'image d'un plat exotique et léger (en allégeant ou en supprimant la charcuterie et moyennant quelques aménagements). Le faire dans le pays où existe une tradition et des habitudes de consommation de ce plat est plus saugrenu !

À ce stade de l'investigation, nous avons encore besoin d'une analyse du contexte dans lequel ce produit se trouve. Les experts sollicités sont des sociologues, ethnologues et historiens de l'alimentation. À défaut d'en trouver de disponibles, une autre approche, plus sommaire mais aussi plus rapide, consiste à faire appel à des groupes de consommateurs. Deux à trois groupes de consommateurs suffisent bien souvent à faire émerger un grand nombre d'attributs symboliques du produit. L'expérience montre que les connotations symboliques sont quelquefois limitées. Ces groupes, où l'on tente de favoriser l'expression spontanée, fonctionnent selon un modèle en couches : il faut favoriser l'expression pour dépasser la couche de lieux communs. Au-delà des images banales, les repères fondamentaux et culturels finissent par venir au jour.

Les valeurs imaginaires sont, par définition, personnelles et individuelles et dépendent des expériences de chacun. Elles sont, d'après notre expérience, difficiles à classer et à cerner. Aucun expert du comportement alimentaire, quelle que soit sa spécialité, ne peut avoir assez d'imagination pour anticiper sur les « projections » possibles d'un consommateur. Les fantasmes alimentaires n'ont pas de limites, semble-t-il.

Ainsi, les réactions enregistrées dans les entretiens ou les séances en groupe font penser à ces réponses absurdes que l'on peut voir dans certaines interviews pratiquées en direct à la télévision, du type « le vin rouge régénère... les globules rouges » ! Dans l'expression de ces valeurs imaginaires se reflètent les modes et les religions du jour, l'actualité telle que la présentent les médias, les éléments des discours dominants du moment. L'image de soi et les désirs individuels se mélangent aussi aux éléments précédents sans qu'il soit possible d'en estimer la part.

Il y aurait bien des recherches à mener sur la fonction et sur la mise en place de l'imaginaire individuel dans le comportement alimentaire : « Dis-moi ce que tu aimes manger et je te dirai ce que tu rêves d'être ou de paraître ».

Une assez longue expérience de l'étude des comportements dans l'acceptation de produits ou de tests de formulations nouvelles, pour l'industrie mais aussi en cuisine professionnelle (certaines écoles de cuisine favorisent, pour les élèves avancés, l'expression et la création culinaire), me conduit à penser que l'imaginaire joue un rôle de premier plan dans les comportements alimentaires des individus quand ils agissent pour eux-mêmes. La réalité est toujours interprétée et maquillée pour chercher à justifier ou à expliquer les choix alimentaires personnels.

Les associations, du type : « naturel et artificiel », « industriel et culinaire », « autrefois et aujourd'hui », « biologique et pollué », etc., sont sans doute l'expression de fantasmes courants aujourd'hui (celui du Paradis perdu, de la manipulation par des puissances extérieures impossibles à cerner, de la perte d'une identité et d'une culture, peut-être mythique, celui de l'angoisse de la solitude du mangeur en train d'avaler ce qui peut apporter la mort ou la maladie). Les « scoops » dans le domaine alimentaire « marchent » parce qu'ils nous concernent quotidiennement et au premier chef. Les journalistes le savent, qui en usent ou en abusent.

Le produit-image est un concept essentiel pour celui qui désire faire apprécier un produit. Il faut se préoccuper de toutes les dimensions possibles du produit, donner des repères en tenant compte de la situation et du contexte, rassurer pour ne pas éveiller les craintes. Nous sommes par nature des omnivores à la recherche de la variété mais nous sommes condamnés à être prudents et, du coup, sujets à une certaine « néophobie[1] ». Les grands chefs intègrent vraisemblablement les « freins » possibles des dégustateurs quand ils conçoivent une recette et choisissent sa dénomination. Nous choisissons notre nourriture en nous appuyant sur nos repères tout en laissant notre imagination libre, toujours présente et prête à s'enflammer.

La perception et l'image du consommateur

En construisant la première colonne, celle du « produit », nous nous sommes contentés de décrire des caractéristiques, des propriétés, des « qualités » à partir d'un produit. Pour définir l'image à donner au produit, nous avons fait un choix parmi des options possibles. Nous ne savons pas comment le consommateur va véritablement percevoir et « penser » ce produit. Même si nous avons analysé ses propriétés nutritionnelles, vérifié ses qualités d'hygiène et de santé, analysé les composantes économiques, même si nous connaissons en termes descriptifs ses caractéristiques sensorielles, si nous avons réalisé un catalogue des attributs symboliques et listé les projections imaginaires possibles que le produit peut susciter, nous ne connaissons pas la réaction globale du consommateur : « Ce produit sera-t-il considéré et vécu comme un aliment bon pour lui ? »

Pour reprendre l'image donnée dans la seconde figure, il s'agit maintenant de construire la colonne « perception ». Toute l'analyse

1. Voir le livre de Claude Fischler, *L'Homnivore*, où ces concepts sont illustrés et décrits de façon croustillante (éd. Odile Jacob, Paris, 1990).

initiale est à reprendre. Cette fois, il faut se mettre à l'écoute du consommateur et tenter de comprendre et d'interpréter ses réactions face à un produit fini. Nous passons de la définition de la « Qualité » du produit à la recherche de la perception de la « Qualité » par celui qui pourrait le consommer.

Le consommateur n'est jamais un instrument pour décrire et analyser un aliment ; sa démarche consiste à faire des choix, choix sans appel qui ne soulèvent aucune discussion. Dans les conditions du moment et selon ses contraintes, sa réponse sera : « J'aime ou je n'aime pas », « J'en mange ou je n'en mange pas », « Je préfère celui-ci à celui-là ». Il dispose d'un pouvoir sans partage dont il a à peine conscience, mais qu'on ne peut lui contester. Si vous tentez de le raisonner, la révolte ou l'agressivité ne sont pas loin. Il faut comprendre ces attitudes car il en va de sa survie (attitude tout à fait conforme à l'acte alimentaire). Essayez donc de faire manger à l'un de vos amis un produit qu'il n'aime pas !

Même si le détail des mécanismes expliquant les comportements alimentaires nous échappe encore, nous avons suffisamment de connaissances du système neurobiologique, d'expérimentations animales et humaines sur les comportements pour en comprendre le mécanisme général.

L'homme dispose d'informations apportées par ses sens qui lui permettent de reconnaître les objets pour les classer en produits alimentaires et non alimentaires. Le processus de « reconnaissance » est basé sur une série de mécanismes qui reposent sur l'apprentissage et la mémoire. Lorsque nous cherchons de la nourriture, nous faisons de l'analyse d'image dans notre cerveau en comparant des images sensorielles (dont l'existence est reconnue) avec des souvenirs, autres images stockées dans la mémoire. En même temps entre en jeu un centre dit de « plaisir » localisé dans l'hypothalamus latéral qui nous informe sur la connotation hédonique à donner à ce stimulus. À chaque image mémorisée est associée une note de plaisir.

Un être humain apprend qu'un aliment est bon quand il en a expérimenté les effets. Ce qui a fait du bien (au sens physiologique), qui a répondu aux attentes après ingestion et digestion, sera classé comme un bon aliment ou une bonne boisson. Le Coca (le « classic Coke » en tout cas) contient de l'énergie facilement mobilisable (du saccharose), de l'eau pour calmer l'état de déprivation des cellules dû à la perte d'eau, de la caféine comme stimulant ;

on conçoit que cette boisson peut, à l'expérience, répondre à de nombreuses attentes ou à des manques réels ou anticipés. La couleur du produit, la poudre de Perlimpinpin qui apporte d'autres éléments de saveurs et d'arômes, les bulles de gaz carbonique sont là pour titiller les sens et jouer le rôle de marqueurs sensoriels. L'effet recherché est ailleurs et les stimuli sensoriels sont la signature qui permet l'identification du produit et l'anticipation de l'effet. Les différences sensorielles et d'emballage entre deux Colas peuvent modifier sensiblement le plaisir « ressenti » en raison des images et des expériences qu'ils rappellent et non de différences de propriétés ou d'effets réels.

On ne peut aimer que ce que l'on connaît ou plutôt reconnaît. L'éducation alimentaire transmise par la maman, le milieu familial, le milieu de « vie », consiste à apprendre et à engranger dans la mémoire des situations réelles. Ces expériences seront mémorisées sous deux formes : les images sensorielles pour distinguer et différencier les produits ; le plaisir (ou connotation hédonique) associé à ces images sensorielles, souvenir des effets produits. De cette manière se crée notre répertoire alimentaire personnel, unique et inaccessible aux autres.

La base de données ainsi créée est accessible à tout moment, même si le souvenir des expériences qui ont conduit au résultat peut, lui, être effacé. Elle peut également être modifiée et enrichie par l'expérience. Il existe, fort heureusement pour les créateurs, une certaine plasticité dans nos comportements. De plus, l'expérience ou les décisions volontaires (le désir de maigrir par exemple) peuvent nous conduire à changer plus ou moins facilement nos conduites.

Les aversions comme les préférences sont apprises. On sait aujourd'hui qu'aucun arôme, ni aucune saveur (y compris le fameux goût sucré) ne sont des marqueurs positifs ou négatifs transmis génétiquement. Avec chaque consommateur, il faudra donc tester le produit pour savoir s'il lui plaît. Éventuellement on cherchera à estimer le plaisir (ou les préférences), pour comparer deux options par exemple. L'objet des tests sensoriels hédoniques est de faire noter le plaisir (et éventuellement les effets postingestifs ressentis par le dégustateur) dans des situations où seules les informations sensorielles sont données.

L'autre démarche, complémentaire et plus globale, consiste à appréhender la réaction au produit pris dans sa « globalité », avec toutes les informations disponibles : l'origine, la marque, l'emballage, le prix. Ceci doit être fait en situation réelle, dans le restaurant pour le cuisinier, en marché test pour l'artisan ou le fabricant, avec la famille pour la recette ménagère. Avec une certaine approximation, on peut appréhender les réactions en situation expérimentale (animation d'un petit groupe, à l'occasion d'une manifestation). Il va de soi que l'acceptation finale est mieux prédite si l'on s'approche des conditions réelles de consommation. Mais, quelle que soit l'approche choisie, le projet est le même : identifier, décomposer, caractériser, classer les éléments qui contribuent à l'acceptation ou au rejet.

Ces derniers sont liés au (dé)plaisir que le produit procure. Ce plaisir est d'ailleurs anticipé : la faim ne se calme pas au moment de manger. Il n'est possible que si la situation de consommation est globalement plaisante, quand toutes les stimulations externes et internes à l'organisme sont vécues comme agréables à cet instant. Le contexte (où et avec qui je mange), les stimulations internes (l'état de faim ou de soif, le bien-être physique) contribuent au plaisir au même titre que le produit. C'est donc un abus de langage que de parler de plaisir des sens !

Cette approche donne une clef pour comprendre tout ce que peut être un produit nouveau. Dans la « colonne » produit, cela s'exprime par la modification d'une ou plusieurs propriétés. Ce changement s'accompagne généralement, mais pas nécessairement, d'une modification de la perception globale du produit par le consommateur (colonne « perception »). Si cette double approche était intégrée par certains créateurs, nous ne trouverions plus de ces nouveaux produits créés par des ingénieurs sans culture culinaire et lancés par des hommes pensant que l'imaginaire et le rêve suffisent à convaincre un consommateur. Il me revient cet exemple récent d'un « dessert frais » lancé avec un discours dithyrambique (l'emballage vantait cette recette, un classique de la gastronomie française, en affirmant : « Le meilleur de tous les x... »). Une provocation inutile et une erreur de jugement : la ménagère familière de la recette, le moindre consommateur habitué à ce dessert, ne peuvent « reconnaître » ce produit comme le meilleur et se l'approprier *ipso facto* comme modèle de référence en oubliant leur propre expérience. Comme aucun produit ne ressemble à un autre sur le plan sensoriel (la variabilité est bien trop grande), comme l'imaginaire fait toujours la différence entre un produit maison, un produit cuisiné et un produit « fabriqué », il est vain de vouloir provoquer un sujet sur ses préférences. Je ne sais pas lequel est le « meilleur » : c'est une fausse question, mais je sais par avance lequel sera préféré !

Produits nouveaux et changements

La conception et la mise en marché des produits nouveaux ont-elles modifié nos comportements alimentaires, nos goûts, nos attitudes ? Assistons-nous à des évolutions profondes ou à des ruptures dans nos modes de consommation ? Va-t-on vers une standardisation des produits et des goûts ? La cuisine et toute la tradition qui s'y rattache vont-elles sortir de l'héritage familial ?

Nos produits alimentaires, nos aliments ont-ils changé et en quoi ? Et si des mutations ont lieu, quelles en sont les causes ? Y a-t-il une catégorie d'agents économiques capables d'infléchir, d'orienter notre alimentation quotidienne, ou d'y apporter des bouleversements majeurs : les agriculteurs dans leur choix de production, les transformateurs par leurs offres et leurs recherches de personnalisation, les distributeurs en sélectionnant les produits les plus adaptés et les plus rentables à leur nouveau mode de distribution ? Enfin les consommateurs, clients finals de la chaîne, peuvent-ils réellement décider de la vie ou de la mort de chacun de ces nouveaux produits et des nouveaux goûts qui s'offrent à eux ? Ces interrogations peuvent être celles de consommateurs à la recherche de repères et de sécurité, celles aussi des agents économiques de la filière alimentaire désireux de faire les bons choix, enfin celles des chercheurs soucieux de comprendre les phénomènes en jeu.

Nous ne saurons que donner des éléments de réponse à toutes ces interrogations, aidés d'abord en cela par les études des grandes tendances de la consommation[2] depuis la fin des années 50.

2. Voir par exemple, pour la France, les enquêtes et travaux de l'INSEE (par exemple : « 20 ans de consommation alimentaire 1969-1989 », Michèle Bertrand, *INSEE première*, n° 188, avril 1992) et les travaux de P. Combris de l'INRA (par exemple : « La consommation alimentaire en France depuis 40 ans ; les préférences ont-elles changé ? », INRA, *Sciences sociales*, n° 5, septembre 1991).

La part du budget familial consacrée aux dépenses alimentaires prend une importance de moins en moins grande (de l'ordre de 20 % aujourd'hui). Nos moyens augmentent et le poste alimentaire n'est plus que l'un des postes principaux. Sur cette part réservée à l'alimentation nous consacrons (toujours en moyenne) près de 20 % à manger hors du foyer. Ceci permet de confirmer l'hypothèse que l'expérimentation et l'apprentissage des goûts se font, pour une large part et ce, dès l'enfance - en restauration scolaire, dans les fast-food, avec les parents -, hors de la tradition familiale.

La vente des plats surgelés a été multipliée par cinq en dix ans ; celle des produits transformés ou prêts à manger, comme les yaourts, augmente également. Ce « moins de préparation » et le souci diététique ou d'allégement de la ration (moins de matières grasses et d'aliments glucidiques traditionnels ; plus d'eaux minérales et plus de boissons non alcoolisées par exemple) sont les deux grandes tendances marquantes dans l'évolution générale de nos consommations. Quelle est leur influence sur le goût et son apprentissage ? À coup sûr, nos enfants partagent davantage entre eux les mêmes références, puisqu'elles viennent en majeure partie des mêmes aliments, produits hors d'un contexte culinaire familial.

On peut donc indéniablement penser à une uniformisation des goûts due à la fois à la diminution des préparations culinaires et à la concentration de l'offre de produits par de grandes compagnies agroalimentaires, dont certaines ne considèrent, dans leur stratégie commerciale, la France que comme une « région ».

À mon sens, la peur de perdre sa culture et son « identité alimentaire » n'est que momentanément fondée. Le développement des produits services, ceux que l'on peut consommer dès l'achat - il faudra encore les mâcher avant de les avaler ! - ne fait que commencer et va se prolonger avec des conséquences importantes. La concurrence entre fabricants est telle qu'il leur faut, en même temps que diffuser leurs produits à grande échelle, chercher à se différencier et décliner leur gamme (en formulation ou en présentation) pour l'étendre à tous les types de consommateurs. C'est le cas à chaque fois qu'une entreprise teste un nouveau produit.

La tendance générale qui montre que la quantité de yaourts ingérés a doublé en dix ans masque un autre phénomène, non pris en compte dans l'analyse de tendance : une très large diversification. Il serait intéressant de comptabiliser le nombre de variétés de yaourts, de desserts lactés, de fromages disponibles dans un rayon aujourd'hui par rapport à il y a dix ans seulement. Le goût et l'image de chacun de ces produits sont voulus plus ou moins différents des autres. Cette recherche de diversification (de personnalisation) élargit la palette des goûts en même temps qu'elle éloigne des références culinaires et de la tradition (même si certains concepteurs cherchent, maladroitement, à s'inspirer de recettes traditionnelles). Cette prise en charge de notre alimentation par des fabricants industriels ou artisans, locaux, régionaux et internationaux, a pour conséquence d'introduire de nouvelles valeurs culturelles. Nos enfants auront donc vraisemblablement d'autres références que les nôtres et sans doute dans une palette tout aussi large mais moins dépendante des choix familiaux.

Toutefois, il peut exister des freins à la diversification. L'un, essentiel, est la limitation des gammes dans les libres-services pour des raisons de place et de gestion de la rotation des produits. L'autre peut être le coût de la réalisation et de la gestion d'une trop large gamme par le fabricant.

On constate également d'autres tendances, que l'on pourrait qualifier de substitutives. Citons, par exemple, le remplacement de certaines viandes (veau, bœuf) par d'autres (porc, volaille). Les explications de ces substitutions ne sont pas simples à fournir et les experts en débattent. On pourrait invoquer la différence de prix dans le cas des viandes, mais on peut trouver bien d'autres « raisons » : l'information nutritionnelle (dans la substitution des matières grasses), les goûts ou les images pour les vins (substitution des AOC aux vins courants).

Les grandes tendances ne traduisent que des évolutions moyennes. Les changements diffèrent selon le type de personnes, les modes de vie, le type d'habitat, rural ou urbain. D'autres facteurs interviennent vraisemblablement aussi, tels le niveau de cohésion familiale, le maintien de traditions religieuses, mais ils ne ressortent pas des enquêtes traditionnelles.

D'autres causes de changement sont le travail hors foyer de la mère - déjà identifié dans l'analyse des tendances générales - ou la proportion croissante de ménages célibataires qui favorisent le développement des consommations d'aliments préélaborés.

L'évolution des modes de vie modèle aussi l'alimentation. Les nouvelles possibilités de transport à coût réduit et les techniques de conservation des produits font que l'on trouve aujourd'hui des fruits et légumes frais en toutes saisons. Rien d'étonnant à ce que l'on constate, chez les enfants, les citadins, la perte de repères et l'abandon des rythmes alimentaires liés au temps et aux saisons.

L'examen des « budgets temps » met en évidence la répugnance croissante des citadins à consacrer du temps pendant la semaine à la confection de plats en cuisine. Ils délèguent donc à l'industrie, à l'artisanat ou au restaurant le soin d'apporter de la valeur ajoutée aux produits agricoles.

L'information nutritionnelle et la publicité jouent sur les choix alimentaires, en particulier pour les enfants et ceux qui ont des préoccupations majeures de santé ou d'image du corps.

On constate, dans les enquêtes à domicile, que la résistance à la nouveauté croît avec l'âge. Les foyers de plus de cinquante-cinq ans ont les consommations les plus traditionnelles en matière d'achats alimentaires. *A contrario*, on peut penser que l'enfant et le préadolescent, dont la richesse des répertoires alimentaires est encore limitée, dont la plasticité de comportement reste grande et qui sont des groupes influençables (et grégaires), peuvent être des acteurs de changement et de rupture dans les cultures et traditions alimentaires. Pour peu que ceux qui les informent et ceux qui les nourrissent hors du foyer (cantines, restaurants) sachent adapter leurs produits et le cadre de présentation, il est facile de développer d'autres habitudes et de créer d'autres cultures.

Il existe des modes alimentaires, liées quelquefois à des campagnes de promotion ou de dénigrement de certains produits. Curieusement, elles ne semblent pas marquer sensiblement les tendances lourdes de la consommation. La campagne des produits sans colorants n'a pas laissé beaucoup de traces dans les esprits et les comportements ; l'affaire du veau aux hormones n'a que momentanément, selon les statisticiens, infléchi la tendance générale de déclin de la consommation de veau. L'utilisation du concept de « produit allégé » a sans doute fait son temps.

Qu'en sera-t-il demain ?

L'homme est un animal formidable, sans doute encore plus adaptatif que le rat. Leur statut d'omnivore les rendent tous deux capables de survivre dans toute sorte d'environnement en adoptant des comportements alimentaires appropriés. Il me paraît dangereux de faire de la nourriture un dogme avec des préceptes et des règles adaptés à tous les individus, à toutes les conditions de vie et à toutes les civilisations. Nous devons intégrer les progrès de la connaissance sur la santé et la nutrition en nous méfiant des gourous et de ceux qui misent sur leur image d'expert pour se faire entendre. C'est à chacun, dans les conditions où il se trouve, de rechercher une harmonie dans ses choix alimentaires ; un équilibre toujours fragile et toujours à remettre en question car on mange avec sa tête, avec son corps, selon les besoins du moment. Nous savons nous adapter même si cette adaptation nous coûte et nous fait peur. La peur de se tromper ou, pour d'autres, d'être trompés, a remplacé la peur de manquer de nos ancêtres.

« Autrefois c'était mieux. » Cela ferait au moins trente générations, a noté un scientifique américain s'étant livré à une étude de textes, que l'on affirme que le pain d'autrefois était meilleur. Chacun de nous regrette les moments de plaisir et de vie émotionnelle intense de son enfance. Nous ne pouvons retrouver aujourd'hui ces moments, même dans le goût des tartines ou des madeleines.

Laissons libre cours à notre imaginaire mais ne demandons pas à la réalité de nous faire revivre des plaisirs disparus. Nous mangeons des rêves, des symboles, des signes et des nutriments. « L'homme ne mange pas pour se nourrir », nous rappelait le professeur Trémolières, spécialiste... de la nutrition !

Joseph Hossenlopp

Saveurs pour tous

Elisabeth Rozin

Il est chez lui partout et appartient à tous. Le hamburger, une nourriture primaire ? En le diabolisant sans l'étudier, ses adversaires n'ont pas saisi les causes de son succès.

Le fast-food n'a rien d'une nouveauté. Le phénomène existe depuis que les gens se réunissent dans des endroits publics pour des raisons commerciales, sociales ou rituelles, sans avoir accès aux cuisines des maisons privées. Les marchés, les foires, les lieux de pèlerinage, les rues des villes sont autant de sites traditionnels où s'est développé un mode d'alimentation destiné aux étrangers de passage. Dans l'expression « fast-food », on insiste sur l'idée de rapidité, mais peut-être vaudrait-il mieux parler d'une alimentation « pratique » qui s'efforce de répondre à une demande sans toutefois offrir la plupart des dispositions des repas traditionnels - les couverts, la vaisselle, les tables et les chaises. Et comme il concerne la majeure partie d'entre nous, ce type d'alimentation ne se contente pas de satisfaire la faim : en même temps, il se veut familier, apprécié et agréable.

Qu'on le qualifie de « rapide » ou de « pratique », il a une longue et vénérable histoire. Depuis toujours, il s'exprime dans les termes des cultures qui le produisent et le consomment, comme une part repérable et proche du contexte ethnique qui l'engendre. C'est seulement au XXe siècle, en particulier dans les décennies qui ont suivi la Seconde Guerre mondiale, que le fast-food a acquis un caractère plus universel, moins localisé, pour apparaître comme une sorte de cuisine « globale » qui transcende la plupart des barrières culturelles et se réfère à une immense variété de goûts et de traditions.

Manger avec ses doigts

Quelle que soit l'origine géographique des grands classiques du fast-food contemporain, il provient le plus souvent du *melting-pot* américain et possède un certain nombre d'attributs essentiels. D'abord, tout est conçu pour que l'on puisse saisir sa nourriture avec ses mains et la porter à sa bouche sans avoir besoin d'intermédiaires. Bien que cette pratique trouve sans doute ses racines dans le monde des voyageurs ou des ouvriers agricoles, son principal attrait dépasse de loin ces considérations matérielles : on aime à tenir sa nourriture entre ses mains parce que l'on éprouve une incomparable intimité avec ce que l'on mange, on ressent une stimulation olfactive beaucoup plus intense qu'en s'aidant d'une cuiller, d'une fourchette ou de tout autre instrument. Les règles du savoir-vivre interdisent de flairer ouvertement son assiette alors que, contradiction intéressante, la dégustation du vin prône justement ce type de comportement. Quand on n'utilise que ses doigts, on décrit un arc de cercle qui place la nourriture sous le nez et offre un prélude riche en sensations olfactives, sorte de prologue aromatique. Ce puissant stimulus, combiné avec une importante mobilisation du toucher et de la vue, semble indiquer une régression vers (ou un rappel de) certaines habitudes plus enfantines, moins sophistiquées, où le contact avec la nourriture s'opère d'une manière plus directe et plus sensorielle. En cela, le fast-food vise à combler les sens, loin de toute excitation intellectuelle ou esthétique, et il ne s'en cache pas.

Le fait que l'on se serve de ses doigts implique une autre particularité : l'aliment présentera une surface sèche, souvent recouverte d'une croûte. À l'évidence, des consistances plus liquides, comme les soupes, les plats mijotés ou en sauce, ne conviendraient pas, puisque, dans la mesure du possible, il faut éviter de se salir les mains. Pour cela, on procède de deux façons. La première consiste à étaler la nourriture sur un pain ou une pâte ou à l'en enrober. C'est là une technique extrêmement répandue de par le monde, qui est apparue en Europe dès le Moyen Âge sous la forme d'une tranche de gros pain rassis que l'on trempait dans les plats : en absorbant la sauce et la graisse des préparations, il devenait lui-même un aliment à part entière. L'usage a survécu à travers une quantité de variantes, tel le très populaire sandwich - quasiment un repas complet -, où divers éléments se conjuguent à l'intérieur de plusieurs tranches de pain pour donner une multiplicité de textures et de saveurs superposées. Le sandwich peut aussi être ouvert : une unique couche de pâte cuite sur laquelle on étend le reste. Ainsi la pizza, triangle que l'on replie en partie avant de le porter à sa bouche[1]. La pâte peut également tenir lieu d'enveloppe : par exemple, le *taco* où une tortilla arrondie se referme sur toutes sortes d'aliments. Dans sa forme la plus banale, le sandwich se compose de deux tranches de pain, ou encore d'un *roll*, ou d'un *bun*, coupé en deux[2] : le pain se trouve à la base et au sommet. Tel est, bien sûr, l'aspect du hamburger.

La seconde méthode veut que l'on enrobe la nourriture dans une pâte à frire. Plus récente que le sandwich, cette technique n'en est pas moins répandue et appréciée. Brillat-Savarin reconnaissait les mérites des aliments frits, « toujours bienvenus dans les réceptions ; ils introduisent une diversité plaisante, ils sont agréables à regarder, ils conservent leur saveur d'origine et on peut les manger avec les mains, ce qui enchante toujours les femmes ». Quand on les prépare dans les règles de l'art, leur surface croustillante et sèche ne laisse filtrer ni la graisse ni le jus ; en même temps, ils offrent un goût d'une qualité exceptionnelle ainsi qu'une consistance des plus séduisantes. Des mets relativement maigres, comme la volaille, le poisson, les fruits de mer, les légumes, gagnent beaucoup en saveur grâce à la croûte dorée et croquante qui caractérise cette variété de fast-food.

---

1. Il s'agit ici de la pizza telle qu'on la trouve aux États-Unis : de forme ronde mais en général plus grande qu'en France, elle est découpée en portions triangulaires. Rectangulaire en Italie, elle est aussi vendue en portions (NdT).
2. Petits pains ronds à la farine de froment. Le *bun* n'est autre que le pain du hamburger (NdT).

Gras à souhait

Sans doute le succès universel de la friture vient-il surtout de l'attirance que nous éprouvons pour le gras. La friture répond ici à un besoin. La mythologie contemporaine peut raconter ce qu'elle voudra à notre génération suralimentée et sédentaire, elle peut nous parler de ses conséquences désastreuses, le gras a toujours excité notre convoitise : il s'agit à la fois d'un nutriment essentiel et d'un additif qui enrichit et rehausse le goût. De tout temps, nous lui avons accordé une grande valeur. Partout, le gras relève les aliments à base de céréales, de fécule ou d'hydrates de carbone, partout il améliore des légumes fades ou farineux, sous forme d'huiles, de produits laitiers ou de graisses animales. Non seulement la friture nous fournit une abondante quantité de gras mais elle le fait d'une manière attrayante : une texture croustillante, une grande diversité de saveurs et une couleur dorée qui, depuis des siècles, est reconnue comme un signe de richesse culinaire. La frite est la réalisation quasi parfaite d'une tendance universelle. Cette technique, ajoutée à une consistance idéale - celle d'un féculent, la pomme de terre -, donne un minuscule aliment en forme de doigt, qui renverse la plupart des barrières ethniques et culturelles parce qu'il est aussi amusant que délicieux.

Or le fast-food nous apporte ce gras ; c'est l'un de ses buts, sans ambiguïté.

Si le fast-food satisfait notre besoin de gras sous différents aspects - la saveur du jus de viande, le croquant des féculents frits, l'onctuosité du fromage fondu -, il nous offre également, à profusion, les deux agents d'assaisonnement les plus communs, le sucre et le sel. Le sodium est un minéral nécessaire à l'alimentation de l'homme mais l'usage que l'on en fait aujourd'hui dépasse de beaucoup sa fonction diététique. Partout dans le monde, on l'a toujours employé de préférence à d'autres produits, souvent au détriment d'ingrédients plus raffinés ou plus luxueux, parce qu'il comble la bouche d'une manière totale et qu'il est peu coûteux et facilement accessible. En fait, l'association du gras et du sel suffit à rendre presque tous les aliments agréables au palais et c'est leur omniprésence dans le fast-food qui explique ce succès auprès d'un éventail quasi infini de consommateurs.

La question du sucre apparaît un peu plus complexe car sa présence est fréquemment déguisée. En général, le sucre sert à relever le goût, comme dans la pâte à frire ou la sauce tomate des pizzas. Il se dissimule moins dans les sauces, les *pickles*[3] et les divers condiments qui sont souvent l'un des charmes du fast-food. Et, bien sûr, le sucre est le premier constituant des sodas qui l'accompagnent inévitablement. Masqué ou flagrant, le sucre est un élément essentiel du fast-food. Là encore, comme pour le sel, il s'agit d'une saveur universellement appréciée qui submerge le palais, le flatte et l'envahit jusqu'à le rendre indifférent à des arômes plus subtils.

Stratégie du fast-food

Tout se passe comme si le triomphe du fast-food venait de ce qu'il offre d'une façon directe et efficace des stimuli fondamentaux et séduisants, des substances, des goûts, des textures et des arômes qui s'adressent à un dénominateur commun. En examinant quelques-unes de ses réussites, on pourra comprendre sa stratégie. Voici le cheeseburger, un mince beefsteak haché, braisé ou grillé, surmonté d'une tranche de fromage « américain » pasteurisé, le tout arrosé de ketchup, garni d'oignons et de *pickles*, et introduit dans un *bun* coupé en deux. Un *bun* blanc, à la farine de froment. On le sert avec une portion de frites et un soda glacé, le plus souvent un Coca. Chacun de ces éléments indique qu'il sollicite au niveau le plus sommaire une clientèle large et indifférenciée.

Le steak haché a beau être chétif et de médiocre qualité, il joue néanmoins un rôle central. Il rappelle que la viande, la viande rouge, a toujours été au centre des préoccupations humaines. Ce morceau de viande présente tous les attributs positifs - il est rissolé, tendre, juteux, gras, savoureux - sous une forme accessible et économique. Or le bœuf, avec sa forte teneur en graisse et son goût puissant, spécifique mais sans connotation ethnique, est la viande la mieux acceptée et la plus appréciée à travers l'histoire, toutes cultures confondues.

Le *bun*, quant à lui, marque l'apogée de plusieurs siècles de savoir-faire, puisqu'il est le pain le plus raffiné que l'on ait jamais

---

3. Légumes conservés dans du vinaigre (cornichons, carottes, etc.) et souvent découpés en tranches fines (NdT).

fabriqué, le plus blanc, le plus tendre, purifié de tout arrière-goût de levure et doté d'une texture moelleuse à souhait. Il est l'indispensable complément du steak et de sa garniture mais, en dehors de sa teinte dorée, il n'évoque guère les pains traditionnels. C'est cette absence de caractéristiques trop précises qui lui permet de remporter l'adhésion d'un vaste public.

Autant le steak et le *bun* sont ronds, autant le fromage est carré. Ainsi, lorsqu'on le place sur la viande chaude, il fond légèrement et ses quatre pointes débordent, amollies, en s'affaissant d'une manière appétissante. On n'aperçoit que ces quatre triangles de fromage doré mais cela suffit à signaler la présence d'une autre strate, d'une opulence supplémentaire. Homogénéisé et pasteurisé, il ne comporte pratiquement aucune des saveurs typiques du « vrai » fromage ; un critique américain le traite d'« encaustique solidifiée ». On lui a retiré ce qui séduit les pays accoutumés aux produits laitiers mais rebute ceux qui n'y voient qu'un aliment d'origine animale, fermenté et plus ou moins avarié. En revanche, il garde deux attributs grâce auxquels on peut l'admettre partout : cette onctuosité du gras qui fond peu à peu dans la bouche et cette nuance d'or, héritage des fabricants de cheddar anglais, qui coloraient leur fromage artificiellement pour qu'il paraisse contenir plus de matières grasses riches en carotène.

Le cheeseburger est agrémenté de légumes et de sauce. Ces légumes, des *pickles* en lamelles et des oignons frits ou grillés, comptent depuis longtemps parmi les garnitures les plus habituelles. On les rencontre sous des formes similaires à travers le monde : les oignons, robustes, caramélisés, et les *pickles*, avec leur goût aigrelet, rehaussent les plats tout en les décorant. Ces *pickles* correspondent plutôt à la tradition anglo-américaine, avec une saveur plus suave, une acidité moins prononcée, bref un côté aigre-doux. D'un goût comparable, le ketchup - authentique innovation américaine - s'inspire au départ de condiments épicés et aigre-doux, de *chutneys*[4] et de divers assaisonnements en provenance de l'Orient. (Le mot « ketchup » vient d'un terme indonésien, *kecap*, qui désigne une sauce de soja piquante.) Né du modèle asiatique, le ket-

4. D'origine anglo-indienne, le *chutney* est typique du « sucré-salé ». Plus ou moins acidulé selon ses variantes, il possède une consistance et parfois un goût proches de la confiture (NdT).

chup utilise la tomate, un fruit d'un rouge éclatant, originaire du Nouveau Monde, qui donne à la sauce un bon « corps » et un aspect plaisant. Cependant, ce qui domine, dans le ketchup, est plus affaire de sucre que d'arôme. Sa popularité semble donc indiquer qu'il s'adresse à des consommateurs très jeunes.

Nous avons déjà parlé des frites ; ne reste plus que le soda, le Coca, boisson chargée de carbonate, sucrée, glacée et de couleur sombre. Des siècles de tradition enseignent que l'on préfère boire froid ou brûlant, et non chaud ou tiède ; le froid donne une impression de pureté et de fraîcheur. Le carbonate accroît cette sensation et la double d'un stimulus fort agréable : ce pétillement, ces picotements qui réveillent la bouche et confèrent une impression particulière à l'acte de boire. Le sucré convient à tout le monde, notamment aux jeunes, dont la culture acquiert aujourd'hui une place prépondérante. Par ailleurs, il semble que l'on attende de la boisson certaines qualités pharmacologiques : on peut songer à des excitants comme le café, le thé ou le chocolat, aux propriétés narcotiques du vin, de la bière et des alcools distillés, ou encore aux vertus médicinales des tisanes et des infusions. Quand on a inventé le Coca, à la fin du siècle dernier, on n'a pas mis l'accent sur ses mérites gustatifs : ce n'était qu'un remède facile à avaler, contre la migraine et la dyspepsie. Il a un arrière-goût de médicament, une couleur qui évoque des plantes infusées et, grâce à la caféine, un effet légèrement excitant. En raison de sa richesse en carbonate et de son arôme à la fois sucré et piquant, il nettoie le palais et le rafraîchit à la manière d'un sorbet.

Une extraordinaire trouvaille

Le cheeseburger et tout ce qui l'entoure, symbole du fast-food contemporain, présente un grand nombre d'avantages pour un prix relativement modique. Tout se conjugue pour aboutir à un repas complet qui flatte des tendances constantes, immémoriales. Dégagé de références culturelles ou ethniques, il offre ses agréments à profusion, non pas isolément, dans une succession de petits plaisirs, mais comme un grand tout : il est massif, excessif. Rien n'est retranché, rien n'est relégué à l'arrière-plan ; il propose une satisfaction immédiate, totale, et tient sa promesse avec générosité.

Même si quelques variétés de fast-food géographiquement plus marquées connaissent aujourd'hui une certaine vogue, leur structure équivaut à celle du cheeseburger. Il s'agit toujours de plats chauds que l'on mange avec ses mains ; construits par strates, ils laissent suinter le gras ; ils procurent un plaisir primaire. Leur spécificité culturelle, diluée, presque réduite au silence, ne s'exprime qu'à travers une approximation simpliste. Par exemple, la pizza est italienne par son aspect - une galette ouverte et garnie de différents ingrédients -, sa sauce tomate relevée d'une pointe d'origan et sa mozzarella fondue, mais elle contient rarement des éléments traditionnels comme l'ail frais, l'huile d'olive fruitée ou le puissant basilic. De la même façon, le *taco* n'est mexicain que par un lointain rapport avec sa forme originelle. C'est une tortilla de maïs plutôt quelconque, enveloppant des composantes dont l'arôme de cumin et de chili n'est plus guère qu'un souvenir ; comme la pizza, la tortilla est nappée d'une sauce tomate anonyme et d'un fromage douceâtre. D'une consistance agréable, ces variantes « ethniques », elles aussi, donnent tout d'un seul tenant, en une seule bouchée, avec leur habituelle quantité de gras, et les saveurs caractéristiques d'ingrédients authentiques se retrouvent balayées par le raz-de-marée du sel et du sucre.

Les gastronomes ont tendance à voir dans le fast-food un exemple de la mode « crade ». Seulement, il convient à la majeure partie d'entre nous. Sans équivoque, sans détour, il nous propose des aliments et des sensations que le genre humain recherche depuis toujours sans avoir pu les obtenir jusqu'à présent, sauf exception. En ce sens, le fast-food représente l'une des innovations culinaires les plus spectaculaires de l'histoire - un type d'alimentation destiné à tous, sans considération d'âge, de sexe ou de culture. C'est par excellence un produit du *melting pot* et sans doute ne pouvait-il naître qu'en Amérique, terre d'accueil du plus gigantesque déferlement d'immigrants jamais rassemblés en un seul endroit : une cuisine de l'abondance, conçue dans un foyer pluriethnique mais dépouillée de tout particularisme culturel et élaborée jusqu'à atteindre le dénominateur commun de l'humanité.

Traduit de l'anglais par Isabelle di Natale

Elisabeth Rozin

Nostalgies du terroir

Julia Csergo

Quel sens donner à l'engouement des Français pour les cuisines de terroir ? Moins récent qu'on ne le pense, ce phénomène puise ses racines dans les craintes qu'engendre l'internationalisation des échanges et des pratiques.

En France, culture et gastronomie sont intimement liées : on ne traverse pas le Périgord sans s'intéresser aux truffes, la Normandie sans goûter aux « tripes à la mode de Caen » ; de Guéméné on rapporte forcément des andouilles, du pain d'épices de Dijon et des bêtises de Cambrai. Autant de gloires locales qui au cours des siècles ont été « monumentalisées » au même titre que châteaux et cathédrales et, plus récemment, « muséifiées » dans des écomusées ou, comme le camembert et le champagne, sur les sites mêmes de production.

Le phénomène n'est pas nouveau[1]. Toutefois, il s'est considérablement amplifié depuis le début des années 80, à la faveur du développement d'un discours médiatique relayé par une importante production éditoriale : délaissant soudain la nouvelle cuisine, celui-ci orchestre une nostalgie de la tradition, de la qualité et de l'authenticité, des saveurs perdues et des légumes oubliés, des nourritures d'enfance devenues nourritures d'en France, des spécialités d'un ter-

1. Signalons à cet égard notre ouvrage en cours, *Tourisme et gastronomies régionales en France, fin XVIIIe-XXe siècle*, à paraître dans le courant de l'année 1995.

roir menacés par une multiplication des ersatz conduisant inévitablement à l'uniformisation des goûts[2].

Étant donné l'impossible délimitation chronologique de l'« autrefois[3] » et le bornage confus des terroirs, des pays et des régions administratives, ce discours favorise, dans un raccourci saisissant, la rencontre du raffinement culinaire de la riche province bourgeoise (celle de la poularde demi-deuil, par exemple) et de l'« heureuse » nécessité de l'accommodement impromptu des plus pauvres (celle par exemple des gaudes[4] francs-comtoises).

Les chefs, et parmi eux ceux-là mêmes qui, cédant aux séductions de la modernité, avaient délaissé les racines de leur terroir, rejoignent le mouvement[5]. Mieux que quiconque, ils savent combien la tradition culinaire est mouvante, se perpétuant d'abord dans l'adaptation, et objet de multiples retranscriptions.

L'exploration de la géographie culinaire de la France les conduit à présenter des préparations revisitées par l'esprit d'innovation et les nouvelles techniques de cuisson, l'utilisation des produits de l'agroalimentaire et les enseignements de la nouvelle cuisine, des préparations allégées et esthétisées où les ingrédients de la rustique potée du Sundgau, soumis à une savante découpe, se voient réunis dans une recherche chromatique qui avoue son actualité. À son tour, l'industrie agroalimentaire emboîte le pas à travers un « marketing de la madeleine » : cédant à la précipitation des temporalités parisiennes prises comme références, il autorise la modernité urbaine à renouer avec ses attaches provinciales et avec le plat consacré par le souvenir[6].

Dans le secteur de la production comme dans celui du conditionnement, les technologies de pointe trouvent avec la perpétuation de la tradition culinaire un terrain d'expérimentation. Par la mise en œuvre de stratégies anonymes qui ne consentent au terroir

---

2. Par exemple les ouvrages de J.-P. Coffe ou encore « France, ton terroir est en danger », dossier *EDJ*, 7-13 octobre 1993.
3. Cf. à ce propos les questionnements de Maurice Agulhon, « La société paysanne et la vie à la campagne », in G. Duby et A. Wallon (éd.), *Histoire de la France rurale*, éd. Point/Seuil, 1992, vol. 3, p. 286-328.
4. Bouillie ou galette à base de farine de maïs.
5. Le propos est à nuancer concernant les grands restaurateurs de la région Rhône-Alpes qui n'avaient pas tous succombé à la nouvelle cuisine. Actuellement, de nombreux chefs se réunissent dans une association au nom évocateur de SOS Racines.
6. Peu d'études de marketing portent à notre connaissance sur les dichotomies Paris/province en matière de rapport budget/temps à l'alimentation.

que la valeur anecdotique de la dénomination, ou par des démarches plus élaborées, parfois même « griffées » par les plus grandes toques[7], les groupes de l'agroalimentaire déversent, dans l'anonymat de la grande surface, « le terroir de chacun mis à la portée de tous[8] », un terroir standardisé, désormais appertisé, congelé ou « frais sous vide ».

L'engouement de ces dernières décennies pour le terroir, qui marquera sans doute davantage l'histoire des représentations que l'histoire des pratiques alimentaires, s'inscrit dans le mouvement général repérable depuis les années 70 dans une France où s'exprime une importante demande d'histoire. La problématique de la « mémoire » envahit dès lors le champ économique et social[9], notamment autour des notions de commémoration (quand se construit et se déconstruit la mémoire collective) et de patrimoine. Désignant à l'origine « les choses du passé transmises à la postérité en raison de leur intérêt historique ou esthétique », cette dernière s'étend alors de la sphère artistique ou architecturale vers tout objet ayant perdu sa valeur d'usage[10]. L'ouvrage publié en 1991 sous l'égide du ministère de la Culture, qui recense, sous le titre d'*Apologie du périssable*, les politiques de protection du patrimoine conduites au cours des années 80, est caractéristique de cette tendance.

C'est en 1985 que le secrétaire d'État auprès du ministre de l'Artisanat, du Commerce et du Tourisme lançait « Le plat du terroir », une opération qui dit tous les enjeux économiques et culturels du patrimoine culinaire : « La France dispose de richesses culinaires incomparables, annonce la charte. Sa cuisine est l'une des plus variées, des plus typiques, et pourtant elle demeure mal

7. À propos de stratégies industrielles sophistiquées, citons le partenariat entre Régis Marcon, restaurateur à Saint-Bonnet-le-Froid, et l'entreprise William Saurin sur l'opération Les chefs de nos régions (1992) qui fut à l'origine de l'AOC obtenue par la lentille du Puy.

8. J.-M. Bouguereau in *EDJ*, 24-30 octobre 1991.

9. Cf. sur la recomposition d'une identité symbolique de la France à partir d'identités éclatées, dans *Les Lieux de mémoire* publié sous la direction de Pierre Nora chez Gallimard (1985-1992), « Une histoire dont la France actuelle a besoin ». Signalons aussi la vogue de la mémoire et de l'histoire d'entreprises qui a caractérisé les années 80.

10. Cf. Jean-Michel Leniaud, *L'Utopie française. Essai sur le patrimoine*, Mengès, 1992. Dans sa préface, Marc Fumaroli l'analyse comme notion invoquée au fur et à mesure que se dissipent les mythes du XXe siècle et leur crédibilité.

connue, tant de nos hôtes étrangers que, souvent, des Français eux-mêmes. Accueillir autrui, c'est avant tout lui faire l'honneur de découvrir la diversité de notre patrimoine, de notre culture, et parmi celle-ci, la palette variée de notre table. »

C'est toujours au cours de cette décennie que seront créées, dans le domaine culinaire, à l'issue du rapport Ferniot[11], deux entités réunissant, autour d'un projet de « préservation », pouvoirs publics et intérêts privés : l'Association pour le patrimoine culinaire (aujourd'hui défunte), et le Conseil national des arts culinaires, dont l'une des premières initiatives sera de lancer, en liaison avec le ministère de l'Agriculture et les conseils régionaux, l'inventaire du patrimoine culinaire de la France[12].

Légitimée par le recours à l'approche historique et ethnologique, qui, dans l'évaluation de l'intensité du lien unissant un produit au terroir[13], conduit aux procédures de reconnaissance (AOC, labellisations, etc.), la tradition gastronomique constitue donc un enjeu décisif pour une France désireuse d'exporter l'image de ses visages régionaux et soucieuse de maintenir l'équilibre d'un tissu rural fortement compromis.

Le parti pris d'historicisation de la gastronomie locale, apparemment si contemporain, s'inscrit pourtant dans une tradition historique de la nostalgie où les usages culinaires ancestraux semblent menacés de façon récurrente. En 1882 déjà, Lucien Tendret confie son inquiétude de voir qu'à Belley, patrie de l'illustre gastronome Brillat-Savarin, « les saines traditions et les précieuses recettes sont oubliées ou perdues » ; une situation imputée aux femmes modernes qui ne savent plus diriger le travail des cuisinières, lesquelles ne savent elles-mêmes plus rien des choses de leur métier[14]. En 1901, dans la préface qu'il rédige pour *L'Art de bien manger*, André Theuriet se désole de voir s'éloigner « la gaye science qu'on est en train de désapprendre » car c'est dans un « autrefois » d'avant l'industrialisation (« qui s'est emparée des spécialités culinaires dont

11. C'est en 1985 que le ministre de la Culture confie au journaliste Jean Ferniot la mission de réfléchir à l'élaboration d'une politique de développement des arts culinaires en France, en termes de marché intérieur et de marché à l'exportation.
12. L'*Inventaire du patrimoine culinaire de la France* est publié chez Albin Michel.
13. Qu'il s'agisse des produits du sol, des produits nés d'un savoir-faire local ou d'un accommodement spécifique à une région.
14. Lucien Tendret, *La Table au pays de Brillat-Savarin*, 1882.

on gardait le secret jaloux ») et d'avant le nivellement des consommations alimentaires, que « chaque canton de notre pays de France possédait alors la spécialité et le secret de quelque friande gueulardise... Strasbourg avait ses pâtés de foie gras, Metz ses mirabelles, Nancy son boudin et ses macarons ». Le 21 janvier 1907, *Le Journal* de Fernand Xau donne son premier dîner du terroir en l'honneur de... la Lorraine, alors que d'autres souhaitent « réhabiliter » le goûter français, « nos bons quatre-heures régionaux d'autrefois », détrônés par la mode du thé à l'anglaise qui devient ici expression de l'internationalisation d'une cuisine devenue « cosmopolite et chimique[15] ». Et, dans l'optimisme d'une Belle Époque qui danse sur un volcan, le journaliste Louis Forest crée en 1912 le très élitiste Club des Cent qui, avouant toute la démoralisation culinaire du moment, forme le projet de « conserver les traditions culinaires du pays » face « aux hôteliers internationaux, par définition sans patrie, qui vont d'un pays à l'autre, ignorant l'âme des provinces et capables, s'ils passaient en Bresse, d'ouvrir pour leurs clients des boîtes de fer blanc garnies de poulets de Chicago[16] ».

Enfin, contrairement à ce que l'on pourrait croire, ce n'est pas un des chantres contemporains de la défense du patrimoine culinaire ou du goût qui s'exclame : « Nos traditions gastronomiques sont en danger [...] L'éducation du goût se perd ; on mange vite et mal » et stigmatise « [la] cuisine uniforme et en série, [le] mépris des originalités savoureuses, [l']ignorance des ressources du terroir ». Nous sommes en 1924. Et c'est le théoricien du régionalisme, Charles Brun, qui, se référant, déjà, à une tradition gastronomique en voie de perdition - à une époque que nous nous donnons pourtant comme référence -, déplore la perte des traditions culinaires et l'uniformisation du goût qui en résulte.

Les exemples abondent qui disent cette nostalgie pour la tradition culinaire et les spécialités du terroir ; nous savons comment elle trouvera son expression la plus extrême et la plus sommaire dans l'idéologie nationaliste et les slogans identitaires du régime de Vichy, qu'il n'est pas de notre propos de traiter ici. Toutefois, s'il se donne à lire comme une réaction à l'installation de la France dans la modernité, ce discours trouve aussi son ancrage dans le statut

15. Selon Austin de Croze.
16. Prononcé par Louis Forest au Salon d'automne de 1923.

emblématique que prennent, dès le siècle dernier (et au même titre que paysage et architecture), la tradition culinaire et la spécialité gastronomique locale.

Alors que le pays s'est engagé dans un processus d'industrialisation et d'urbanisation qui favorise le nivellement des modes de vie et de consommation (y compris à travers la standardisation naissante de la production agroalimentaire), s'annonce la « fin des terroirs ». Rappelons que c'est en 1931, à la faveur de l'intensification de l'exode rural, que s'opère le basculement définitif d'une France rurale vers une population en majorité urbaine[17].

Dans le temps même où se dessine ce bouleversement qui marquera durablement la conscience collective, le perfectionnement des techniques de transport provoque un considérable rétrécissement de la dimension espace-temps ; facilitant les mouvements d'échange et les circulations, il modifie aussi le rapport des hommes à leur espace. Cette maîtrise progressive du temps et de l'espace induit une dilatation des repères coutumiers, un changement d'échelle et un désarroi engendré par le gigantisme de la dimension internationale qui favorisent sans doute l'aspiration à la relocalisation, au retour à l'archaïsme et à la familiarité du sol natal, du clocher, qui se donne comme référence identitaire.

Cette nostalgie d'une ruralité perdue trouve son terrain privilégié dans un discours gastronomique qui cristallise l'illusion d'une possible réversibilité du processus de modernisation.

À la faveur du développement de la pratique touristique qui contribue à la découverte de l'étendue des richesses patrimoniales du pays, qu'elles soient naturelles, artistiques ou gastronomiques, ce discours fait la promotion d'une tradition culinaire rurale menacée par le mode de vie urbain, la tertiairisation des activités, le triomphe de la technicité et la mondialisation des circulations. Ainsi, c'est à travers l'incorporation par le mangeur du produit originaire du sol natal ou du savoir-faire de la communauté de référence que la tradition culinaire se fait lieu d'enracinement symbolique, lieu de mémoire et lieu d'identité culturelle. Au siècle dernier, ainsi que le font aujourd'hui encore toutes les populations migrantes,

17. Cf. Eugen Weber, *La Fin des terroirs. La Modernisation de la France rurale, 1870-1914*, Fayard, 1983.

l'Auvergnat, ou le Limousin, récemment débarqué à Paris, reconstitue d'abord son identité villageoise autour des produits et des traditions culinaires du pays[18].

Dès 1850, les livres de recettes traditionnelles et les ouvrages plus généralement consacrés à la culture, aux coutumes et à l'inventaire des produits du terroir et des traditions culinaires locales se multiplient. Inscrits dans le processus de valorisation patrimoniale du pays déjà engagé depuis le début du siècle[19], ils contribuent à organiser une mémoire nationale autour de la commensalité et de la convivialité des tables régionales, désignées comme lieux identitaires.

C'est cette mémoire fabuleuse et mythique du terroir ainsi recréé qui avive et garantit le sentiment d'appartenance et de pérennité d'une population urbaine qu'elle rend à ses racines et à son identité. Dans cette réappropriation et cette revalorisation des cuisines traditionnelles et des savoir-faire locaux, le discours contribue à l'élaboration de stéréotypes culinaires où la ruralité se voit désormais intimement associée à une « qualité » apte à symboliser l'excellence de la France dans toutes ses composantes, dans son sol comme dans ses hommes.

18. Georges Duby (éd.), *Histoire de la France urbaine*, vol. 4, « La ville de l'âge industriel », Le Seuil, 1983.
19. C'est dans une visée à la fois pédagogique et patriotique que le patrimoine naturel et artistique de la France a fait, au début du XIXe siècle, l'objet d'un inventaire destiné à favoriser la connaissance et la mémoire du territoire national.

Julia Csergo

Un emblème disputé

Rolande Bonnain

L'identité ne réside jamais que dans l'idée que l'on s'en fait. En cuisine, comme dans d'autres domaines, on peut se choisir ses ancêtres. C'est ce qu'enseigne l'histoire du gâteau à la broche.

Aucun repas de mariage haut-pyrénéen ne pourrait s'achever sans le partage d'une spectaculaire pyramide hérissée de pointes de pâte dorée, fleurant bon la vanille, le rhum et le beurre, appelée gâteau à la broche en raison de son peu ordinaire mode de cuisson. Pour les Bigourdans (dénomination que les Haut-Pyrénéens se donnent en souvenir de la province d'Ancien Régime qui a composé la majeure partie du département), cette pâtisserie monumentale fait la gloire de leur patrimoine culinaire - comme celle de leurs cuisinières -, ce qui justifie sa présence aux noces et aux repas d'apparat locaux. Cependant, il suffit de se diriger vers le Haut-Languedoc et l'Auvergne pour s'apercevoir qu'il existe un gâteau tout semblable en Rouergue, en Quercy et dans le Cantal. Chacune de ces régions, bien entendu, s'en attribue la paternité. Alors Pyrénées ou Massif central ?

La quête des origines de la recette s'est révélée riche d'enseignements, moins toutefois que la réflexion sur le sens et les usages de la patrimonialisation de certains éléments du champ culinaire.

Très spectaculaire, comme il a été dit plus haut, le gâteau à la broche prend la forme d'un cône de plus de 50 centimètres de hauteur et peut peser 3,5 kilos ou davantage. Ce n'est pas sa composition qui est originale - *grosso modo*, elle s'apparente à celle d'un quatre-quarts dont les proportions varient légèrement selon les régions et les cuisinières qui le réalisent - mais son mode de cuisson : d'ordinaire, les pâtisseries sont contenues dans un moule lorsque leur pâte est souple ou supportées par une plaque de métal quand elle est ferme (pâte sablée, brisée ou feuilletée), ou bien encore sont déposées sur un liquide bouillant qui saisit la boule de pâte préalablement formée (beignets) ; ici, le gâteau est « construit » progressivement : la pâte enrobe le moule formé d'un cône traversé dans sa hauteur par une broche et chaque couche est cuite à la chaleur des braises du foyer avant d'être recouverte par une suivante au cours d'une opération qui dure plus d'une heure.

Savoir-faire et symbole

Deux personnes sont nécessaires pour réaliser ce gâteau : une aide tourne la broche posée sur des chenets - la génératrice du cône parallèle au foyer - et alimente le feu pendant que la cuisinière verse la pâte sur le cône de bois chemisé de papier sulfurisé et lui donne peu à peu l'aspect recherché d'une pyramide hérissée. La réalisation du gâteau ne demande pas seulement des ingrédients en quantité importante - trente œufs et le reste à proportion - mais aussi un réel savoir-faire dans le rôtissage : la première couche ne doit pas être trop épaisse pour éviter les risques de rupture car, dans ce cas, il faut recommencer l'opération à son début ; il faut savoir déplacer le cône pour que la cuisson s'effectue régulièrement sachant que la pointe cuit rapidement : les couches doivent être d'égale épaisseur et convenablement saisies, ni trop - elles seraient brûlées - ni trop peu -, le gâteau prendrait une consistance molle peu appréciée ; enfin, il faut qu'en fin de cuisson, les « dents » ou les épines créées par la force centrifuge soient les plus longues possibles (de 3 à 4 centimètres).

Le démoulage est une autre opération délicate : on doit attendre le refroidissement du gâteau, couper à la base du moule le papier qui a chemisé le cône et donner un coup sec du côté supérieur pour sortir le gâteau par le haut. Il va alors se raffermir au frais pendant trois jours avant d'être dégusté. Pour le servir, on coupe d'abord la pointe puis, parallèlement à la base, des tranches de 5 centimètres débitées elles-mêmes en petits carrés croquants.

C'est surtout à l'occasion des mariages que ce gâteau est

consommé, mais on le retrouve lors des grandes célébrations familiales, premières communions, anniversaires de mariage et aussi repas d'élus. Avant 1950, il ne figurait que sur les tables des noces rurales où, accompagné de crème anglaise, il avait remplacé les traditionnelles tourtes (pâtisserie ronde et compacte, au levain et au beurre) servies au dessert. Comme elles, il s'offrait aux personnes qui n'avaient pu assister au repas. Son succès s'explique par sa forme, identique à celle de la pièce-montée du pâtissier citadin, trop onéreuse et trop lointaine ; en outre, ses ingrédients provenaient en grande partie de l'exploitation elle-même ou d'exploitations voisines. Depuis, si sa réalisation reste surtout domestique et artisanale - des boulangeries industrielles s'y sont essayées sans grand succès -, on le retrouve aussi en ville, toujours à l'occasion des mariages qui restent la plus grande fête, celle qui scelle l'union d'un couple et annonce la naissance d'autres générations. D'ailleurs, il y a homologie entre la fête et le gâteau : la fête active les échanges entre l'intérieur et l'extérieur, tout comme le gâteau nécessite les ingrédients les plus représentatifs de l'économie paysanne, auxquels s'ajoutent les produits les plus exotiques.

Le symbolisme du gâteau s'énonce clairement sur les photos prises après la guerre. On y voit, autour des mariés, un groupe bien moins important qu'aujourd'hui et la cuisinière portant le gâteau garni de tulle et de dragées qui est en quelque sorte le double de la fiancée porteuse de fécondité pour la maison.

Son partage signifiait l'accord au mariage donné par la collectivité à l'engagement des deux personnes. À cette époque, c'était la cuisinière - celle qui l'avait fait, sa « mère » - qui l'entamait, donnant ainsi métaphoriquement son accord à la jeune fille. Aujourd'hui, c'est la mariée qui donne le premier coup de couteau : les rôles ont changé en cinquante ans.

En Bigorre, bien que ce gâteau se fasse aussi dans la plaine, on assure que sa recette est originaire de la vallée d'Aure, vallée qui s'étend de Lannemezan à l'Espagne, car, dit-on, « on y fabriquait du beurre ». Quand Simin Palay, le grand félibre béarnais, rédigera en 1937 la recette pour sa *Cuisine du pays*[1], il précisera qu'il la tient d'une Auroise, origine déjà donnée quarante ans plus

1. S. Palay, *La Cuisine du pays*, Pau, Marrimpouey Jeune, 1937.

tôt par un folkloriste[2], seul témoignage toutefois de ce gâteau pour tout le XIXe siècle. Pourtant, il n'est que de prendre *Le Guide gourmand de la France*[3], édité en 1970, pour trouver, à trois reprises et dans trois régions différentes, mention de ce fameux gâteau facilement reconnaissable. Cependant, en domaine gascon comme en domaine languedocien ou auvergnat, il n'existe pas de nom dialectal pour cette pâtisserie. Cette absence indique que ce gâteau serait d'importation récente.

Son existence est connue ailleurs. En Europe centrale, plus précisément. En Pologne, il s'appelle *pankuchen* (mot allemand qui indiquerait son origine, précisent les linguistes locaux) ; il était réalisé pour Pâques depuis la fin du XVIIIe siècle. Aujourd'hui, on le confectionne pour les fêtes religieuses importantes et les célébrations familiales. En Allemagne, en Forêt-Noire notamment, et en Hongrie, sa forme est cylindrique et rappelle la bûche de Noël, époque à laquelle il était consommé. Que ce soit en Pologne ou en Allemagne, la date de sa consommation et sa forme nous orientent vers une célébration du renouveau de la nature, signification qu'il n'a pas conservée en France lors de son arrivée, peut-être dans le troisième quart du XIXe siècle.

Tout ce que l'on sait, c'est qu'il existait en France des courants de travailleurs saisonniers qui allaient du Cantal vers le piémont pyrénéen, notamment des chaudronniers. Le moule aurait pu être diffusé par eux. Toutefois, on ne peut encore expliquer comment ce gâteau serait initialement arrivé dans le Massif central et non ailleurs. En revanche, on ne s'étonne pas que les repas de noces aient favorisé son entrée dans les corpus culinaires régionaux car c'est à ces occasions que l'on présentait les innovations.

En fait, ce gâteau nous apprend qu'une recette peut être rapidement patrimonialisée - à l'instar aujourd'hui des ressources agricoles et alimentaires dites de « terroir » -, contribuant alors à la dimension identitaire d'une région jusqu'à devenir parfois un emblème pour lequel se battent gastronomes et érudits locaux.

Certes ici, les ingrédients du gâteau n'ont rien de spécifique : les principaux pourraient être produits partout et les arômes sont d'origine extérieure ; les ingrédients ne nécessitent pas une technique particulière pour leur production mais l'existence d'un savoir-

2. G. Darsuzy, *Les Pyrénées françaises*, Paris, Schleicher, 1899.
3. H. Gault et C. Millau, *Le Guide gourmand de la France*, Paris, Hachette, 1970.

faire est indéniable. Cependant il est délocalisable - c'est pourquoi on insiste tant sur l'origine locale du gâteau en se l'attribuant et en la rejetant dans un passé lointain pour mieux la défendre contre les autres prétendants. Cette évocation du temps long renvoie ainsi au local et à l'identité.

On pourrait objecter que ce mouvement de patrimonialisation ne date pas d'aujourd'hui puisqu'il naît de chaque situation d'urgence où les témoignages du passé vont disparaître. André Chastel avait bien montré que l'enjeu de ce mouvement avait varié au cours du temps. Au XIXe siècle, il se voulait affirmation de l'appartenance à la nation, aujourd'hui, l'enjeu est devenu l'appartenance à la société locale et tous les objets peuvent être patrimonialisables.

Ainsi, dans la prolifération des « spécialités régionales », recettes et produits rattachés à un lieu, à un terroir, qui ont fleuri au second Empire, on peut lire une volonté de reconnaissance de ces lieux dans laquelle les signes de l'appartenance étaient autant destinés à l'extérieur qu'à l'intérieur du groupe. En outre, en 1860, les savoir-faire pratiqués et bien connus d'une France essentiellement rurale ont facilité le repérage de ces marqueurs.

Fortement investies sur les plans symbolique et affectif, les recettes, productions culturelles et créations sociales, pensées comme des produits du temps et de l'espace, acquièrent alors des valeurs emblématiques. Le regain actuel de patrimonialisation les fait entrer désormais à part entière dans la construction des terroirs.

Aujourd'hui, la revendication du terroir est bien moins une contribution à l'affirmation de la diversité de la nation - et donc de l'affirmation de la nation - qu'une légitimation du groupe dans sa relation aux spécificités de l'espace, c'est-à-dire du local. C'est ce qui explique que, parfois, le groupe se livre à un combat pour la possession de ce qu'il considère comme son héritage. Les signes de différenciation servent à affirmer l'enracinement du groupe, à légitimer collectivement l'occupation de l'espace mais en même temps, ils sont devenus des biens monnayables utilisés dans les stratégies territoriales de développement. La compétition autour de l'origine de certains biens est aujourd'hui d'autant plus âpre que les savoirs qui les font naître ont désormais quitté la sphère domestique pour devenir l'apanage de spécialistes.

Rolande Bonnain

Astérix et l'Europe

Philippe Tabary

Le nationalisme hexagonal a cru trouver dans la défense du camembert une bataille à sa mesure contre l'hydre européenne. L'enjeu est peut-être moins simpliste.

À l'origine prioritairement orientée vers l'augmentation de la quantité des produits, dans une Communauté qui ne produisait que 80 % de ce qu'elle consommait, la politique agricole commune (PAC) a été assez rapidement confrontée à la nécessité d'une approche plus équitable des problèmes, reflet du développement des échanges entre les pays membres, et avec le reste du monde. Dans un premier temps, cette approche a essentiellement été définie par la négative : la fixation d'un minimum (taille, qualité sanitaire...) à respecter pour être admis à bénéficier des subsides communautaires, voire pour pouvoir être commercialisé. Assez rapidement toutefois, avec l'augmentation continue des quantités produites, la notion de qualité s'est posée en des termes plus précis, tentant de concilier les héritages de traditions nationales ou régionales, spécifiques et parfois opposées.

La notion de qualité se faisait moins scientifique et plus subjective, moins médicale et plus gastronomique : on parlait moins d'étables indemnes de tuberculose et plus de lait cru ou pasteurisé, jusqu'à en arriver à une véritable querelle d'école entre les partisans d'une production aseptisée - essentiellement le fait de grandes exploitations et de grandes unités de transformation - et les tenants d'une production plus diversifiée, plus individualisée, propre à des exploitations souvent plus petites, à des microrégions, à des traditions et à une gastronomie bien personnalisée. De ce débat, que l'on pourrait largement résumer en une querelle « Nord-Sud », la France a toujours été l'un des principaux acteurs. Terre de la diversité, fromagère autant que viticole ou charcutière, le « pays au 360 fromages » (il y en a probablement bien plus !) n'entendait pas voir des décisions européennes interdire ou limiter ses spécialités, considérées comme hérétiques par ses partenaires. Un débat haut en couleurs, et toujours prompt à rebondir.

La première difficulté de ce dialogue tenait à une tolérance plus ou moins grande quant aux modes de production et à l'acceptation de processus de maturation ou de fermentation qui ne s'accommodent pas, au contraire, d'une teneur bactériologique le plus réduite possible ; le principal obstacle à vaincre restait toutefois celui des lois nationales, nécessairement différentes à l'origine, et de leur cohérence avec la circulation des produits. Bien avant le marché unique, l'arrêt « cassis de Dijon » permettait aussi à la France de faire reconnaître par la Cour de justice européenne qu'un produit admis à la commercialisation dans un pays devait l'être dans l'ensemble des pays membres. Paradoxalement, si le libéralisme vint d'abord au secours de l'originalité, il faillit ensuite lui être contraire : les propositions de textes sur les indications géographiques, les attestations de spécificité, les modes de production particuliers, voire les produits biologiques, se heurtèrent en effet d'abord au reproche d'être, ou de pouvoir devenir, des obstacles non tarifaires (ONT)[1], alors que se mettait en place le grand marché intérieur et que se poursuivaient les négociations du GATT. Il fallait protéger des caractéristiques spécifiques, déboucher sur une démarche directement ou indirectement protectionniste, à l'intérieur comme à l'extérieur du marché européen ! Autoriser et protéger d'un côté sans interdire et pénaliser de l'autre.

De ce point de vue, la jurisprudence française en matière d'AOC (appellation d'origine contrôlée) fut une référence particulièrement utile et contribua à désamorcer les suspicions des pays les plus laxistes en matière de protection des savoir-faire. Au prix de longs mois

1. À côté des obstacles tarifaires que sont les droits de douane, des mesures comme les contingentements, les normes de qualité, les interdictions saisonnières constituent autant d'obstacles non tarifaires qu'un pays peut édifier pour limiter ses importations.

de négociations, et de quelques concessions destinées à vaincre les réticences les plus dures, la réglementation européenne sur la qualité, définie cette fois de manière positive comme un ensemble de caractéristiques propres à un produit déterminé, fut adoptée dans la foulée de la réforme de la PAC de mai 1992. À cet égard, le conseil informel des ministres de l'Agriculture convoqué par Henri Nallet à Beaune (un lieu particulièrement bien choisi) au cours du deuxième semestre 1989 fut un appoint décisif pour balayer les scrupules les plus tenaces. Certains pays s'obstinaient en effet à voir dans cette législation une machine de guerre contre les productions à bas prix et de grande série, alors que ces deux types de marchés se complètent plus qu'ils ne s'opposent, correspondant à des types de consommation différents, du même public ou de publics distincts.

Les usines contre les terroirs

Pourquoi une telle querelle, quasi religieuse ? Parce qu'en France, pour des raisons géographiques autant qu'historiques, l'agriculture s'est d'abord développée à l'échelle de microrégions, et dans les zones de montagne autant que dans les plaines. Il en a résulté des manières de valoriser le produit très différentes, débouchant très tôt sur une gastronomie de « terroir ». Celle-ci est souvent née dans des régions plus pauvres, où le respect que l'on portait au produit et à ses sous-produits était d'autant plus grand que le volume récolté était réduit et méritait plus d'attention. Une telle approche se retrouve dans les pays latins et en Grèce, des pays qui furent très vite les partenaires de la France dans sa « croisade » qualitative. À l'inverse, elle était éminemment hérétique pour les pays à potentiel agro-industriel plus orientés vers la quantité, la production de masse et la recherche d'un prix de vente minimal, impliquant *ipso facto* des marchés importants et une législation aussi peu contraignante que possible, pour des produits vendus à l'état brut ou avec une transformation très limitée.

La législation sur les équivalents européens des AOC visait en fait non pas à interdire le brie bavarois, la feta ou le camembert danois, le jambon de Parme belge, mais à distinguer entre le produit authentique et son imitation, de manière à éviter les confusions chez le consommateur et les possibilités de tromperie au stade de la commercialisation. Cet effort de clarification était d'autant plus indispensable qu'aujourd'hui quelque 66 % des achats alimentaires se font en hypermarché, et donc le plus souvent avec un anonymat quasi complet du côté des vendeurs. La nécessité d'un étiquetage informatif et de définitions claires et sans ambiguïté était donc plus grande que jamais, afin que le consommateur ne se laisse pas guider uniquement par le prix et par l'apparence, mais qu'il choisisse en pleine connaissance. On observera d'ailleurs que ces divers « canada dry » des produits de qualité sont moins nocifs qu'il n'y paraît pour les vrais produits « nobles » : ils permettent souvent à une clientèle nouvelle, parfois hésitante devant des prix élevés, voire limitée par son pouvoir d'achat, de s'essayer au produit moins cher, mais moins authentique, avant d'aborder le « vrai » produit. Combien d'amateurs de foie gras authentique ont ainsi commencé par des foies gras plus industriels, importés et de moindre finition, mais qui donnaient un avant-goût du produit pur, auquel ils conduisirent ?

Pour la France, dans cette querelle d'écoles, une première difficulté résidait dans le risque d'isolement ; il fallait donc savoir convaincre d'autres pays qu'ils avaient à gagner à une législation plus rigoureuse en la matière. Il fallait aussi faire ressortir la cohérence de cette approche avec les nouvelles orientations s'imposant à la PAC : produire *mieux* et non pas *plus*, s'orienter vers des marchés plus porteurs, vers une valeur ajoutée plus élevée des produits, faute de possibilités d'écouler des quantités plus importantes. C'était en somme faire passer la PAC d'une agriculture de l'excédent à une agriculture de l'excellent. Avec l'avantage supplémentaire que ces produits de qualité connaissent une demande toujours plus importante, à peine remise en cause par la crise économique, et qu'ils s'exportent le plus souvent sans subventions, n'entrant pas ainsi dans le cadre des réductions quantitatives des exportations alors en discussion au GATT et, depuis, adoptées.

Astérix et les AOC

Dans ce débat-combat, la position française ne fut pas le lot de son seul ministre : elle résultait d'un consensus, trop rare pour ne pas être relevé, avec les organisations professionnelles, avec certains journaux et journalistes spécialisés, des associations de consommateurs et même... Eurotoques, l'association des grands chefs cuisiniers comme Bocuse, Troisgros et leurs collègues des divers pays européens, souvent prompts à dénoncer le nivellement par le bas que l'orientation productiviste avait fait subir au goût dans la PAC d'avant 1992. C'est bizarrement au cœur de ce débat, étroitement lié à l'évolution de la PAC vers les notions de terroir, de monde rural, d'environnement, de défense des paysages et des biotopes, qu'éclata la pseudo-querelle des fromages au lait cru, où des journaux mal informés et en quête de sensationnel lancèrent le bruit que la Commission européenne voulait interdire reblochon, camembert et autres poésies laitières.

En fait, et dans le souci de coller avec l'approche la plus qualitative de la réforme, la Commission proposait de généraliser la législation française en la matière, et de tolérer dans ce type de fromages, essentiellement hexagonaux, une teneur bactériologique dix fois plus élevée. D'où est né le malentendu ? On ne le saura sans doute jamais : toujours est-il que, malgré l'ampleur des démentis et rectificatifs, l'opinion resta persuadée que Bruxelles « voulait la peau » de ces produits fermiers ! Aujourd'hui encore, la méprise n'a pas été levée dans tous les esprits, et il n'est pas rare que la question surgisse au fil d'un débat !

L'approche européenne pour les indications géographiques, les spécialités, les modes de production traditionnels, comme pour les produits fermiers, n'est pas la seule résultante de la résistance acharnée d'un petit coin de gastronomes, Astérix de la bonne cuisine face aux barbares de l'aseptisé, du standardisé, du banalisé, du « fast » ou... du néfaste. Elle a été le point de ralliement de plusieurs préoccupations : mieux valoriser les produits, mieux maîtriser et fidéliser la demande, contrôler l'offre : un produit de qualité requiert plus de soins, donc plus de temps, et exclut une production de masse. Du reste, l'histoire bimillénaire de la viticulture nous enseigne que qualité et quantité s'excluent presque proportionnellement. La position française aura consisté à mettre un peu de poésie sur cette réalité économique, et à rappeler que 80 % des AOC sont produites dans des zones défavorisées. Pour une Europe agricole soucieuse de garder de l'agriculture partout, et préoccupée de venir en aide à ses régions les moins prospères, l'enjeu était trop important !

Vaincre les réticences des puristes d'une agriculture de laboratoire et d'une production de masse passait par le rappel de ces réalités-là, reflet de la diversité de nos agricultures comme de celle de nos cultures. Une diversité qui est une richesse et qu'il convient, à ce titre, de protéger et de valoriser ! La meilleure stratégie à cet égard est sans doute cette éducation du goût dont on commence un peu partout à souligner le besoin et l'intérêt, aussi bien dans le souci d'une diététique moins condamnatrice que dans celui d'une réhabilitation de la convivialité alimentaire. Moins spectaculaire que les querelles d'hier, cette action-là, plus fidélisante, ne se dissocie pas des préoccupations de plus en plus souvent formulées à Bruxelles sur la nécessité de rétablir et de promouvoir l'image de marque de l'agriculture, creuset de nos sociétés passées et facteur d'équilibre de nos sociétés futures. Le combat dépasse de loin les limites de l'Hexagone. Il doit déboucher sur la reconnaissance d'une Europe du goût, ce qui n'est sans doute pas le moins bon moyen de donner aux gens le goût de l'Europe !

Philippe Tabary

Bibliographie par article

En complément de l'article : « Du brouet au potage »

Le Viandier de Taillevent, Slatkine Reprints, Genève, 1967.

Le Ménagier de Paris. Traité d'économie domestique (1392-1394), éd. J.E. Brereton et J.M. Ferrier, Oxford, Clarendon, 1981.

La Varenne, Le Cuisinier françois, présenté par J.-L. Flandrin, Ph. et M. Hyman, Montalba, 1983.

Ph. Gillet, *Le Goût et les Mots. Littérature et gastronomie* (XIVe-XXe siècle), Payot, 1987.

En complément de l'article : « Sans pain ni vin »

1. *La Geste des Francs. Chronique anonyme de la première croisade*, Arléa, 1992.
2. Affagart Greffin, *Relation de Terre sainte (1533-1534)*, Paris, Librairie Victor Lecoffre, 1902.
3. Anglure Ogier (d'), *Le Saint Voyage de Jherusalem*, dans *Jeux et sapience de Moyen Âge*, « La Pléiade », Gallimard, 1951.
4. Berchet Jean-Claude, *Le Voyage en Orient. Anthologie des voyageurs français dans le Levant au XIXe siècle*, coll. « Bouquins », Robert Laffont, 1985.
5. Boothroyd Ninette et Detrie Muriel, *Le Voyage en Chine. Anthologie des voyageurs occidentaux du Moyen Âge à la chute de l'Empire chinois*, coll. « Bouquins », Robert Laffont, 1992.
6. Chardin Jean, *Voyage de Paris à Ispahan*, 2 t., La Découverte/Maspero, 1983.
7. Chateaubriand, *Itinéraire de Paris à Jérusalem*, Paris, Garnier Frères, 1877.
8. Clari Robert (de), *La Conquête de Constantinople*, coll. « 10/18 », Christian Bourgois éd., 1991.
9. Deleury Guy, *Les Indes florissantes. Anthologie des voyageurs français (1750-1820)*, coll. « Bouquins », Robert Laffont, 1991.
10. Forbin (comte de), *Voyage dans le Levant en 1817 et 1818*, Paris, Imprimerie royale, 1819.
11. Gautier Théophile, *Constantinople et autres textes sur la Turquie*, Paris, La Boîte à documents, 1990.
12. Gautier Théophile, *Voyage en Espagne*, Garnier-Flammarion, 1981.

13. Gillet Philippe, *Par mets et par vins. Voyages et gastronomie en Europe (XVIe-XVIIIe siècles)*, Paris, Payot, 1985.
14. Jan Michel, *Le Voyage en Asie centrale et au Thibet. Anthologie des voyageurs occidentaux du Moyen Âge à la première moitié du XXe siècle*, coll. « Bouquins », Robert Laffont, 1992.
15. Lamartine Alphonse (de), *Voyage en Orient*, t. 2., « Les Introuvables », éd. d'Aujourd'hui, 1978.
16. Léry Jean (de), *Histoire d'un voyage faict en la terre du Brésil*, 2 t., Paris, Alphonse Lemerre, 1880.
17. Nerval Gérard (de), *Voyage en Orient*, in *Œuvres*, « La Pléiade », Gallimard, 1961.
18. Peyssonnel Jean-André, *Voyage dans les régences de Tunis et d'Alger*, La Découverte/Maspero, 1987.
19. Marco Polo, *Le Devisement du monde. Le Livre des Merveilles*, 2 t., La Découverte/Maspero, 1989.
20. Sallenave Danièle, *Passages de l'Est. Carnets de voyage. 1990-1991*, NRF, Gallimard, 1992.
21. Sand George, *Un hiver à Majorque*, Meylan, éd. de l'Aurore, 1985.
22. Tournefort Joseph P. (de), *Voyage d'un botaniste*, 2 t., La Découverte/Maspero, 1982.

En complément de l'article : « Des goûts et dégoûts »

A. Angyal (1941), « Disgust and Related Aversions », in *Journal of Abnormal and Social Psychology*, 36, p. 393-412.

A. Appadurai (1981), « Gastro-Politics in Hindu South-Asia », in *American Ethnologist*, 8, p. 494-511.

H. Bakwin et R.M. Bakwin (1972), *Behavior Disorders in Children*, Philadelphia, W.B. Saunders.

C.R. Darwin (1872), *The Expression of Emotions in Man and Animals*, Londres, John Murray ; rééd. : Chicago, University of Chicago Press, 1965.

M. Douglas (1966), *Purity and Danger*, Londres, Routledge & Kegan Paul.

P. Ekman (1971), « Universal and Cultural Differences in Facial Expression of Emotion », in *Nebraska Symposium on Emotions*, sous la direction de J.K. Cole (p. 207-283), Omaha, Nebraska, University of Nebraska Press.

A.E. Fallon et P. Rozin (1983), « The Psychological Bases of Food Rejection by Humans », in *Ecology of Food and Nutrition*, 13, p. 15-26.

J.G. Frazer (1890-1959), *The Golden Bough : A Study in Magic and Religion*, New York, Macmillan ; trad. française : *Le Rameau d'or*, Paris, Librairie orientaliste Paul Geuthner, 1925-1935.

J. Goode, K. Curtis et J. Theophano (1984), « Meal Formats, Meal Cycles and Menu Negociation in the Maintenance of an Italian-American Community », in *Food in the Social Order*, sous la direction de M. Douglas (p. 143-218), New York, Russel Sage.

J. Haidt, C.R. McCauley et P. Rozin

(1994), « A Scale to Measure Disgust Sensitivity, and Seven Domains of Disgust », in *Personality and Individual Differences* (sous presse).

M. Marriott (1968), « Caste Ranking and Food Transactions : A Matrix Analysis », in *Structure and Change in Indian Society* », sous la direction de M. Singer et B.S. Cohn (p. 133-171), Chicago, Aldine.

M. Mauss (1902-1972), *Esquisse d'une théorie générale de la magie ; A General Theory of Magic* (trad. angl. R. Brain), New York, W.W. Norton.

A.S. Meigs (1984), *Food, Sex and Pollution : A New Guinea Religion*, New Brunswick/New Jersey, Rutgers University Press.

C. Nemeroff et P. Rozin (1989), « You are what you eat. Applying the Demand-Free "Impressions" Technique to an Unaknowledged Belief », in *Ethos. The Journal of Psychological Anthropology*, 17, p. 50-69.

E. Rozin (1982), « The Structure of Cuisine », in *The Psychobiology of Human Food Selection*, sous la direction de L.M. Barker (p. 189-203), Westport, Connecticut, AVI.

E. Rozin et P. Rozin (1981), *Culinary Themes and Variations. Natural History*, 90 (2), p. 6-14.

P. Rozin (1989), « Disorders of Food Selection : The Compromise of Pleasure », in *Annals of the New York Academy of Sciences*, 575, p. 376-385.

P. Rozin (1990a), « The Acquisition of Stable Food Preferences », in *Nutrition Review*, 48, p. 106-113.

P. Rozin (1990b), « Social and Moral Aspects of Eating », in *The Legacy of Solomon Ash : Essays in Cognition and Social Psychology*, sous la direction de I. Rock (p. 97-110), Potomac Maryland, Lawrence Erlbaum.

P. Rozin (1990c), « Development in the Food Domain », in *Developmental Psychology*, 26, p. 555-562.

P. Rozin et A.E. Fallon (1980), « The Psychological Categorization of Foods and Non-Foods. A Preliminary Taxonomy of Food Rejections », in *Appetite*, 1, p. 193-201.

P. Rozin et A.E. Fallon (1987), « A Perspective on Disgust », in *Psychological Review*, 94, p. 23-41.

P. Rozin, J. Haidt et C.R. McCauley (1993), « Disgust », in *Handbook of Emotions*, sous la direction de M. Lewis et J. Haviland (p. 575-594), New York, Guilford.

P. Rozin, M. Markwith et C.R. McCauley (1994), « The Nature of Aversion to Indirect Contact with Other Persons : AIDS Aversion as a Composite of Aversion to Strangers, Infection, Moral Taint and Misfortune », in *Journal of Abnormal Psychology*.

P. Rozin et C.J. Nemeroff (1990), « The Laws of Sympathetic Magic : A Psychological Analysis of Similarity and Contagion », in *Cultural Psychology : Essays on Comparative*

Human Development, sous la direction de J. Stigler, G. Herdt et R.A. Shweder (p. 205-232), Cambridge, Angleterre, Cambridge University Press.

S.J. Tambiah (1990), *Magic, Science, Religion, and the Scope of Rationality*, Cambridge, Angleterre, Cambridge University Press.

E.B. Tylor (1879-1974), *Primitive Culture. Researches into the Development of Mythology, Philosophy, Religion, Art and Custom*, New York, Gordon Press.

M. Zuckerman (1979), *Sensation Seeking : Beyond the Optimal Level of Arousal*, Hillsdale, New Jersey, Lawrence Erlbaum.

Biographie des auteurs

John Berger

Essayiste, romancier et scénariste pour le théâtre et le cinéma ; il a publié notamment une trilogie consacrée à la vie des paysans de notre temps : t. 1, *La Cocadrille* ; t. 2, *Joue-moi quelque chose* et t. 3, *Flamme et Lilas* (Champ Vallon/La Fontaine de Siloé, 1990).

Sophie Bessis

Agrégée d'histoire, journaliste, enseignante à l'INALCO. Travaille surtout sur les échanges alimentaires mondiaux et les rapports Nord-Sud. A publié entre autres *L'Arme alimentaire* (Paris, Maspero, 1979), *La Dernière Frontière* (Paris, Jean-Claude Lattès, 1983), *La Faim dans le monde* (Paris, La Découverte, 1991).

Rolande Bonnain

Maître de conférences à l'EHESS et chargée de mission à la Mission du patrimoine ethnologique. A publié plusieurs articles dans *Études rurales* et *Ethnologie française*.

Claudine Brécourt-Villars

Professeur de lettres à Paris. Travaille depuis une vingtaine d'années sur la littérature et les idées aux XVIIIe et XIXe siècles. Auteur de divers essais et biographies. Prépare actuellement un dictionnaire étymologique des mots de la gastronomie.

Suzanne Cervera

Professeur agrégé d'histoire et de géographie. A publié plusieurs articles dont « Vers une Europe des goûts ? » en 1993.

Martine Courtois

Maître de conférences en littérature comparée et responsable du Centre d'études pluridisciplinaires sur le vin à l'université de Bourgogne. A publié entre autres *Les Mots du vin et de l'ivresse* (Paris, Belin, 1984) et *Les Mots de la mort* (Paris, Belin, 1992).

Julia Csergo

Historienne, travaille en particulier sur l'histoire des pratiques culturelles, les déplacements de loisirs et l'hygiène corporelle. Responsable scientifique du colloque sur la gastronomie des régions à l'université de Lyon-II en juin 1993.

Dominique Fournier

Chercheur à la Maison des sciences de l'homme (CNRS). Auteur (en collaboration avec Salvatore d'Onofrio) de *Le Ferment divin*, éd. de la Maison des sciences de l'homme, Paris, 1993.

Jean-Pierre Hassoun

Chargé de recherche au CNRS (centre d'ethnologie française). A travaillé sur le changement social et culturel des populations d'origine asiatique en France. A publié plusieurs articles dans la *Revue française de sociologie, Ethnologie française*, et le *Bulletin de l'École française d'Extrême-Orient*.

Joseph Hossenlopp

Ingénieur des Arts et Métiers, docteur en physique nucléaire et en économie appliquée, il a enseigné l'analyse sensorielle pendant une quinzaine d'années. Également titulaire d'un CAP de cuisine, il a collaboré au lancement de nombreux nouveaux produits.

Annie Hubert

Spécialiste de l'anthropologie nutritionnelle, directrice de recherche au CNRS. A publié entre autres *Le Manger juste* (éd. Jean-Claude Lattès, Paris, 1991) et *L'Héritage culinaire de la France* (en collaboration avec les sœurs Scotto, Hachette, Paris, 1992).

Aïda Kanafani-Zahar

Membre associé du laboratoire d'ethnologie méditerranéenne et comparative d'Aix-en-Provence et du groupe de recherche « technologie comparée » au musée de l'Homme. Auteur de *Mune, la conservation alimentaire traditionnelle au Liban* (éd. de la Maison des sciences de l'homme, Paris, 1994).

Franco La Cecla

Architecte et anthropologue, chercheur à l'Institut de sciences de la communication de Bologne, chargé d'enseignement en anthropologie à la faculté d'architecture de Venise. Auteur de plusieurs ouvrages, il a organisé à Milan en 1992 un colloque international sur les conflits et la culture alimentaire.

Claudine Marenco

Directrice du laboratoire de sciences sociales à l'ENS de Cachan. Auteur de *Manières de table, modèles de mœurs. XVIIe-XXe siècles* (éd. de l'ENS de Cachan, 1993).

Léo Moulin

Professeur émérite aux universités de Louvain et de Namur et au Collège d'Europe à Bruges, vice-président de la Fédération internationale de la presse gastronomique et du vin. Auteur de nombreux ouvrages, dont *L'Europe à table* (Paris, 1975), *La Belgique à table* (Anvers, 1979), *Les Liturgies de la table* (Paris, 1988).

Anne Raulin

Maître de conférences à l'UFR de sciences sociales à l'université Paris-V, elle travaille surtout sur l'anthropologie urbaine européenne. A publié les résultats de sa recherche sur les minorités urbaines dans les *Cahiers internationaux de sociologie*, les *Archives de sciences sociales des religions*, les revues *Terrain* et *Dialogue*.

Elisabeth Rozin

Professeur à l'université de Pennsylvanie (États-Unis), membre de l'Institut américain de l'alimentation et du vin. Auteur de nombreux articles et ouvrages sur la nourriture et les cuisines, dont les plus récents sont *Blue Corn and Chocolate* (éd. Judith Jones, New York, 1992) et *The Primal Cheeseburger* (Viking Penguin, 1994).

Paul Rozin

Directeur du département de psychologie à l'université de Pennsylvanie (États-Unis), spécialiste des composantes psychologiques et culturelles de la nutrition. A publié, outre plusieurs ouvrages, de nombreux articles sur les thèmes des goûts et des dégoûts alimentaires.

Lucetta Scaraffia

Enseigne l'histoire moderne à la faculté des lettres de l'université de Rome-I. Ses recherches portent sur l'histoire religieuse à l'époque moderne et contemporaine. Elle a notamment publié : « Devozione di guerra, identità femminile et simboli religiosi negli anni 40 » in *Hommes et Femmes dans les guerres mondiales* (Laterza, Rome-Bari, 1991) ; « Donne e fede » in *Dal 1850 alla Mulieris Dignitatem*, (Laterza, Rome-Bari, 1994) et *Rennegati, per una storia dell'identità occidentale* (Laterza, Rome-Bari, 1993).

Philippe Tabary

Ancien journaliste. Chargé de l'information à la Direction générale de l'agriculture de la Commission européenne. Auteur du *Dictionnaire des idées reçues sur l'agriculture* (ouvrage collectif, Syros, Paris, 1993) et de *Les Chocs de la PAC* (à paraître en 1995).

Mireille Vincent-Cassy

Maître de conférences d'histoire médiévale à l'université de Paris-VII. Auteur de *La Sociabilité à table* (Presses universitaires de Rouen, 1992). A publié entre autres plusieurs articles dans *La Gourmandise* (ouvrage collectif, éd. Autrement, Paris, 1994).

Table des matières

Titres disponibles dans la collection « Mutations »

Abandon et adoption
(Nº 96) 224 p. 95 F.
Acteurs
(Nº 70) 256 p. 110 F.
Ainsi change l'école
(Nº 136) 256 p. 110 F.
Après les grands soirs
(Nº 165-166) 360 p. 149 F.
À quoi pensent les philosophes
(Nº 102) 256 p. 120 F.
Argent
(Nº 132) 232 p. 110 F.
L'Art pour quoi faire
(Nº 195) 216 p. 120 F.
Attente
(Nº 141) 224 p. 110 F.
Quelle autorité ?
(Nº 198) 160 p. 120 F.
Autre maison
(Nº 178) 192 p. 120 F.
Autres médecines, autres mœurs
(Nº 85) 240 p. 110 F.
Aventure
(Nº 160) 216 p. 120 F.
Aventure des images
(Nº 167) 192 p. 98 F.
Le Baiser
(Nº 169) 216 p. 120 F.
Barbie, poupée totem
(Nº 181) 224 p. 120 F.
Bibliothèque
(Nº 121) 232 p. 95 F.
Le Casse-Croûte
(Nº 206) 232 p. 120 F.
C'est quoi le travail ?
(Nº 174) 208 p. 120 F.
Chercheurs ou artistes ?
(Nº 158) 240 p. 120 F.
Chez-soi
(Nº 137) 224 p. 110 F.
Cité des chiffres**
(Nº 5) 264 p. 120 F.
Confort moderne**
(Nº 10) 224 p. 120 F.
La conversation
(Nº 182) 232 p. 120 F.
Corps surnaturé**
(Nº 4) 208 p. 120 F.
Cyberplanète
(Nº 176) 336 p. 120 F.
Défi bioéthique
(Nº 120) 200 p. 95 F.
Désirs d'ivresse
(Nº 191) 200 p. 120 F.
Deuils
(Nº 128) 232 p. 120 F.
Désirs d'ivresse
(Nº 191) 200 p. 120 F.
Dieux en sociétés
(Nº 127) 184 p. 110 F.
Dimanche
(Nº 107) 224 p. 95 F.
10-13 ans
(Nº 123) 208 p. 110 F.
La fièvre du dopage
(Nº 197) 216 p. 120 F.
Dormir
(Nº 119) 208 p. 95 F.
Droit à l'humanité
(Nº 177) 176 p. 98 F.
Économie dévoilée
(Nº 159) 192 p. 110 F.
L'écoute
(Nº 180) 208 p. 120 F.
Enfances rêvées
(Nº 170) 224 p. 120 F.
Enfant lecteur
(Nº 97) 208 p. 95 F.
Enfant unique
(Nº 186) 224 p. 120 F.
Enfant vers l'art
(Nº 139) 256 p. 110 F.
Ennui
(Nº 175) 208 p. 120 F.
Ère du faux
(Nº 76) 224 p. 95 F.
Esprit des drogues
(Nº 106) 224 p. 89 F.
Être vieux
(Nº 124) 192 p. 95 F.
Fatale beauté
(Nº 91) 224 p. 95 F.
Fous de danse
(Nº 51) 264 p. 110 F.
Génération glisse
(Nº 155-156) 344 p. 140 F.
Glisse urbaine
(Nº 205) 260 p. 120 F.
Gourmandise*
(Nº 140) 192 p. 120 F.
Après-guerre(s)
(Nº 199-200) 340 p. 149 F.
Habiter, habité
(Nº 116) 224 p. 89 F.
Homme contaminé
(Nº 130) 208 p. 110 F.
Hôpital à vif
(Nº 109) 232 p. 95 F.
Humour
(Nº 131) 232 p. 110 F.
Imagin'aires de jeux
(Nº 193) 168 p. 98 F.
Être indifférent ?
(Nº 202) 216 p. 120 F.
Infiniment médecins
(Nº 161) 208 p. 120 F.
Intime
(Nº 81) 208 p. 95 F.
Islam
(Nº 95) 216 p. 110 F.
Jeunesse perdue
(Nº 157) 168 p. 110 F.
Jouet
(Nº 133) 216 p. 110 F.
Le jardin, notre double
(Nº 184) 296 p. 120 F.

* Collection "Mutations/Mangeurs".
** Collection "Mutations/Sciences en société".

Légèreté
(N° 164) 208 p. 120 F.
Le livre du retour
(N° 173) 240 p. 120 F.
Livres de chevet
(N° 201) 180 p. 120 F.
Manger magique*
(N° 149) 208 p. 110 F.
Mangeur*
(N° 138) 176 p. 110 F.
Mangeur et l'animal
(N° 172) 160 p. 120 F.
La Marche, la vie
(N° 171) 176 p. 120 F.
Mariage, mariages
(N° 105) 208 p. 95 F.
Maternelle
(N° 114) 232 p. 110 F.
Maux secrets
(N° 188) 200 p. 120 F.
Mère
(N° 90) 224 p. 95 F.
Mère et fils
(N° 204) 176 p. 98 F.
Mille et une bouches
(N° 154) 224 p. 110 F.
Mort à vivre
(N° 87) 224 p. 120 F.
Nom, prénom
(N° 147) 224 p. 110 F.
Nourritures d'enfance*
(N° 129) 216 p. 110 F.
Objectif bébé
(N° 72) 240 p. 95 F.
Odeurs
(N° 92) 224 p. 95 F.
Œdipe et neurones
(N° 117) 256 p. 95 F.
Opéra
(N° 71) 260 p. 95 F.
Orchestre
(N° 99) 240 p. 95 F.
Oublier nos crimes
(N° 144) 288 p. 120 F.
Ouvriers, ouvrières
(N° 126) 224 p. 110 F.
Parents au singulier
(N° 134) 224 p. 110 F.
Passés recomposés
(N° 150-151) 368 p. 149 F.
Penser la Terre
(N° 152) 264 p. 110 F.
Pères et fils
(N° 61) 232 p. 95 F.
Plaisir des mots
(N° 153) 224 p. 110 F.
Pot-au-feu
(N° 187) 224 p. 120 F.
Zigzag Poésie
(N° 203) 304 p. 120 F.
Rap
(N° 189) 216 p. 120 F.
Rencontre
(N° 135) 184 p. 120 F.
Réveil des anges
(N° 162) 216 p. 120 F.
Rugby d'ici
(N° 183) 224 p. 120 F.
Des saints, des justes
(N° 190) 160 p. 120 F.
Sciences contre l'homme**
(N° 8 vol. 1) 192 p. 120 F.
Sciences contre l'homme**
(N° 9 vol. 2) 152 p. 98 F.
Science, pouvoir et argent**
(N° 7) 224 p. 120 F.
Sexe des sciences**
(N° 6) 208 p. 120 F.
Le Silence
(N° 185) 224 p. 120 F.
Sœurs, des frères (Des)
(N° 112) 184 p. 110 F.
Solitude, solitudes
(N° 196) 88 p. 98 F.
Souffrances
(N° 142) 224 p. 120 F.
Travailler, premiers jours
(N° 192) 184 p. 120 F.
Technologies du quotidien**
(N° 3) 224 p. 120 F.
Terre outragée**
(N° 1) 272 p. 120 F.
Thérapies de l'âme
(N° 43) 264 p. 120 F.
Tokyo séisme**
(N° 2) 152 p. 95 F.
Tout négocier
(N° 163) 240 p. 120 F.
Travailler, premiers jours
(N° 192) 184 p. 120 F.
Vacances
(N° 111) 224 p. 95 F.
Violence des familles
(N° 168) 184 p. 120 F.
Visage
(N° 148) 240 p. 120 F.
Vives campagnes
(N° 194) 224 p. 120 F.

Éditions Autrement - « Mutations », revue mensuelle

Directeur-rédacteur en chef : Henry Dougier. *Rédaction :* Jean-Claude Béhar, Laurent Bury, Marie Pinatelle, Juliette Solvès, Laurence Lhommedet. *Fabrication/Secrétariat de rédaction :* Bernadette Mercier, *assistée de* Astrid Desbordes *et de* Sandra Kergraisse. *Graphisme :* Kamy Pakdel. *Autrement Jeunesse :* Sandrine Mini. *Service financier :* Béatrice Labadie. *Service des droits et Service commercial :* Delphine Maine. *Service des abonnements :* Catherine Gendrier. *Gestion et administration :* Eve Le Leduec, Hassina Mérabet. *Service de presse :* Agnès Biltgen.

Abonnements au 1er janvier 2001 : la collection « Mutations », complémentaire des collections « Monde » et « Mémoires » est vendue à l'unité (120 F/18,29 € par ouvrage) ou par abonnement (France : 720 F/109,76 € ; étranger : 820 F/125,01 €) de 8 titres par an. L'abonnement peut être souscrit auprès de votre libraire ou directement à Autrement, Service abonnements, 17, rue du Louvre, 75001 Paris. Établir votre paiement (chèque bancaire ou postal, mandat-lettre) à l'ordre de NEXSO (CCP Paris 1-198-50-C). Le montant de l'abonnement doit être joint à la commande. Veuillez prévoir un délai d'un mois pour l'installation de votre abonnement, plus le délai d'acheminement normal. Pour tout changement d'adresse, veuillez nous prévenir avant le 15 du mois et nous joindre votre dernière étiquette d'envoi. Un nouvel abonnement débute avec le numéro du mois en cours. Vente en librairie exclusivement. Diffusion : Éditions du Seuil.

Directeur de la publication : Henry Dougier. Revue publiée par Autrement.
Comm. par. 55778. Corlet, Imp. S.A., 14110 Condé-sur-Noireau. N° 53107.
Précédent dépôt : mars 1995. Dépôt légal : mars 2001.
ISBN : 2-86260-528-X. ISSN : 0751-0144. *Imprimé en France*